U0526292

中国社会科学院创新工程学术出版资助项目

智库中社 年度报告 Annual Report

中国智库综合评价 AMI 研究报告
（2017）

荆林波　等著

Comprehensive Evaluation AMI Research Report on Chinese Think Tank （2017）

中国社会科学出版社

图书在版编目(CIP)数据

中国智库综合评价 AMI 研究报告 .2017 ／荆林波等著 .—北京：中国社会科学出版社，2018.9（2018.11重印）

ISBN 978 – 7 – 5203 – 3205 – 7

Ⅰ.①中… Ⅱ.①荆… Ⅲ.①咨询机构—研究报告—中国—2017　Ⅳ.①C932.82

中国版本图书馆 CIP 数据核字（2018）第 220870 号

出 版 人	赵剑英
责任编辑	喻　苗
责任校对	李　剑
责任印制	王　超

出　版	中国社会科学出版社
社　址	北京鼓楼西大街甲 158 号
邮　编	100720
网　址	http://www.csspw.cn
发 行 部	010 – 84083685
门 市 部	010 – 84029450
经　销	新华书店及其他书店
印　刷	北京明恒达印务有限公司
装　订	廊坊市广阳区广增装订厂
版　次	2018 年 9 月第 1 版
印　次	2018 年 11 月第 2 次印刷
开　本	710×1000　1/16
印　张	13.5
字　数	202 千字
定　价	58.00 元

凡购买中国社会科学出版社图书，如有质量问题请与本社营销中心联系调换
电话：010 – 84083683
版权所有　侵权必究

主　编：荆林波
副主编：胡　薇

【总报告】
荆林波　胡　薇

【分报告】
马　冉：综合性智库分报告
胡　薇：专业性智库分报告
吴　田：企业智库分报告
吴　田：社会智库分报告
荆林波：中国社会科学院国家高端
　　　　智库建设及经验分享

目 录

总 报 告
中国特色新型智库现状、评价及经验总结

一 项目基本情况及意义 …………………………………… (3)
二 项目规划 ……………………………………………………… (8)
三 中国智库综合评价过程 ………………………………… (9)
四 中国智库综合评价 AMI 指标体系 ……………………… (17)
五 中国智库综合评价结果 ………………………………… (22)
六 有关中国特色新型智库发展现状的几点看法 ……… (34)
七 中国智库建设的经验总结 ……………………………… (46)
八 有关智库评价的综述 …………………………………… (50)

分 报 告
综合性智库　专业性智库
企业智库　社会智库
中国社会科学院国家高端智库建设及经验分享

综合性智库分报告 …………………………………………… (65)
一 调研的基本情况 ………………………………………… (67)
二 中国综合性智库发展现状及主要成效 ……………… (69)

  三　中国综合性智库发展面临的主要问题与挑战 ……………（94）
  四　推进与完善中国综合性智库建设的对策建议 …………（95）
  五　结语 ………………………………………………………（99）

专业性智库分报告 ……………………………………………（101）
 第一部分　部委所属专业性智库 ……………………………（103）
  一　部委智库的界定与遴选 …………………………………（103）
  二　样本智库与发展现状分析 ………………………………（105）
  三　部委所属专业性智库发展中存在的问题 ………………（109）
  四　参评智库与评价方法 ……………………………………（111）
  五　部委所属专业性智库入选名单 …………………………（112）
  六　对部委所属专业性智库未来发展的建议 ………………（113）
 第二部分　高校智库 …………………………………………（115）
  一　高校智库的界定与遴选 …………………………………（116）
  二　样本智库与发展现状分析 ………………………………（118）
  三　高校智库发展中存在的问题 ……………………………（131）
  四　参评智库与评价方法 ……………………………………（136）
  五　高校智库入选名单及其评价 ……………………………（137）
  六　对高校智库未来发展的建议 ……………………………（145）

企业智库分报告 ………………………………………………（149）
 一　考察数据与企业智库概念界定 …………………………（151）
 二　样本智库与发展现状分析 ………………………………（155）
 三　参评智库与评价方法 ……………………………………（159）
 四　企业智库入选名单及其评价 ……………………………（159）
 五　对企业智库未来发展的建议 ……………………………（164）

社会智库分报告 ………………………………………………（167）
 一　社会智库的界定与遴选 …………………………………（169）

二　样本智库与发展现状分析 …………………………………（175）
　　三　参评智库与评价方法 ………………………………………（182）
　　四　社会智库入选名单及其评价 ………………………………（183）
　　五　对社会智库未来发展的建议 ………………………………（187）

中国社会科学院国家高端智库建设及经验分享 …………………（189）
　　一　中国社会科学院智库建设的总体情况 ……………………（191）
　　二　中国社会科学院智库建设经验总结 ………………………（198）
　　附　录 ……………………………………………………………（202）

后　记 ………………………………………………………………（206）

总报告

中国特色新型智库现状、评价及经验总结

一　项目基本情况及意义

中国社会科学评价研究院（以下简称"评价研究院"）于2017年7月21日揭牌成立，前身为2013年12月26日正式成立的中国社会科学院中国社会科学评价中心，是中国社会科学院的直属研究机构。在中国社会科学院院党组的正确领导下，积极参与构建中国哲学社会科学话语体系，不断完善哲学社会科学学术评价体系和评价标准，引领我国哲学社会科学发展走向，搭建国际化学术交流平台，参与全球学术评价标准的制定，掌握学术评价话语权。

继2015年11月10日成功发布《全球智库评价报告（2015）》后，2016年，我们启动"中国智库综合评价AMI指标体系研究"项目，力求在综合考虑不同类型智库之间差异的前提下，研创兼顾整体通用性与差异性的"中国智库综合评价AMI指标体系"，在进一步梳理国内智库发展现状的基础上，深化对中国智库全面客观的综合评价，并依据该体系及相关权重，以参评机构所提供的数据为基础，采取定量与定性相结合的分析方法进行评价，最终汇总形成《中国智库综合评价AMI研究报告（2017）》。

（一）项目背景

习近平总书记在2013年4月"关于建设中国特色新型智库"的批示被视为新型智库建设的顶层设计开端。2013年年底，中共十八届三中全会正式以党的文件形式把"加强中国特色新型智库建设"确定为国家战略。中共十八届五中全会强调"要实施哲学社会科学创新工程，建设中国特色新型智库"。此后，习近平总书记多次公开讲述中国特色新型智库的重要性，对战略实施进行了充分的社会动员，全国各地掀起"智库建设热"与"智库评价热"。

习近平总书记在2014年10月27日主持召开中央全面深化改革领导小组第六次会议上的重要讲话，以及2015年1月20日中共中央办公厅、国务院办公厅联合印发的《关于加强中国特色新型智库建设的意见》（以下简称"两办《意见》"）都明确指出，中国特色新型智库建设的总体目标是"到2020年，统筹推进党政部门、社科院、党校行政学院、高校、军队、科研院所和企业、社会智库协调发展，形成定位明晰、特色鲜明、规模适度、布局合理的中国特色新型智库体系，重点建设一批具有较大影响力和国际知名度的高端智库，造就一支坚持正确政治方向、德才兼备、富于创新精神的公共政策研究和决策咨询队伍，建立一套治理完善、充满活力、监管有力的智库管理体制和运行机制，充分发挥中国特色新型智库咨政建言、理论创新、舆论引导、社会服务、公共外交等重要功能"。新型智库建设正式上升为国家战略。这既为各类智库提供了重大的发展机遇与广阔的施展空间，也对中国智库的发展提出了更高的期许和要求。两办《意见》更进一步明确提出要实施国家高端智库建设规划，"加强智库建设整体规划和科学布局，统筹整合现有智库优质资源，重点建设50至100个国家亟需、特色鲜明、制度创新、引领发展的专业化高端智库。支持中央党校、中国科学院、中国社会科学院、中国工程院、国务院发展研究中心、国家行政学院、中国科协、中央重点新闻媒体、部分高校和科研院所、军队系统重点教学科研单位及有条件的地方先行开展高端智库建设试点"。

2015年11月9日，习近平总书记主持召开的中央全面深化改革领导小组第十八次会议审议通过《国家高端智库建设试点工作方案》，共批准了25家单位为首批国家高端智库建设试点单位。在这次会议上，习近平总书记再次强调，"要建设一批国家亟需、特色鲜明、制度创新、引领发展的高端智库，重点围绕国家重大战略需求开展前瞻性、针对性、储备性政策研究"。

2016年5月17日，习近平总书记在北京主持召开哲学社会科学工作座谈会并发表重要讲话，指出"近年来，哲学社会科学领域建设智库热情很高，成果也不少，为各级党政部门决策提供了有益帮助。同时，有的智库研究存在重数量、轻质量问题，有的存在重形式传播、轻内容创新问题，还有的流于搭台子、请名人、办论坛等形式主义的做法。智库建设要把重点放在提高研究质量、推动内容创新上。要加强决策部门同智库的信息共享和互动交流，把党政部门政策研究同智库对策研究紧密结合起来，引导和推动智库建设健康发展、更好发挥作用"。

2017年10月18日，在中国共产党第十九次全国代表大会开幕会上，习近平总书记代表第十八届中央委员会做报告，提出"深化马克思主义理论研究和建设，加快构建中国特色哲学社会科学，加强中国特色新型智库建设"。

（二）项目实施的前期积累

2015年度，项目组在中国社会科学院院党组的领导以及全体同志的共同努力下，自行研创了"全球智库评价AMI指标体系"，并运用这套指标体系开展全球智库调研与评价工作。该指标体系覆盖面广泛，注重定性与定量分析相结合，而以往智库评价标准和方法往往只有定性分析。AMI指标体系的设计更加注重切合智库的工作流程，从吸引力、管理力和影响力三方面进行综合分析。基于该指标体系，评价研究院于2015年11月10日发布了《全球智库评价报告（2015）》以及《全球智库百强排行榜》，作为由中国研究机构推出的首份全球智库报告。"全球智库评价AMI指标体系"与《全球智库评价报告（2015）》双双荣获"中国社会科学院2015年度创新工程智库研究重大成果奖"。同时，《全球智库评价报告（2015）》被评为"2016年度中国社会科学院国家智库报告优秀报告"，该报告的发布入选2015年度全国智库界十大事件之一，受到中央领导人、政府主管部门，以及国内外智库界、学术界、媒体的高度重视。

通过开展全球智库评价，我们在全球智库评价体系的构建中发出中国声音，抢占制高点，增强智库评价的国际话语权，为构建更为公平、合理的全球智库评价体系做出贡献。与此同时，促进了智库评价与智库建设的良性互动，推动中国智库强化全球视野，拓展国际思维空间，提升自身水平，为中国特色新型智库建设提供了有益的参考。

2016年度，我们再接再厉，继续开展"中国人文社会科学评价AMI指标体系研究"项目，并在2016年1月28日接受了全国哲学社会科学规划办公室委托的国家社会科学基金特别委托项目"国家高端智库综合评价指标体系研究"。项目组按照项目要求组建了专门的研究团队，由中国社会科学院领导王伟光院长、张江副院长担任学术顾问，荆林波研究员担任项目主持人，确立研究框架，制定详细的工作计划。

项目组成员对全国各地百余家智库进行了实地调研，接待了来自美国、德国、加拿大、韩国、日本、新加坡等国家智库的来访交流。此外，2016年4月20日，评价研究院主办了"国家高端智库建设"学术研讨会，来自25家首批国家高端智库建设试点单位的20多位专家学者结合自身所在智库的实际情况，就相关热点话题进行了交流探讨。7月9日评价研究院参与主办的"智库建设与绿色发展"国际研讨会汇聚众多中外嘉宾，从第三方评估在推进发展中的作用、生态文明与产业融合、绿色发展动力构成等方面，以新的视角、新的眼光，探讨了智库建设如何为绿色崛起服务，并产生了五项成果：建立中国国际生态智库联盟合作机制，发布《智库合作宣言》，开展"智库专家谈发展"活动，创办《生态论坛》专刊，建立"中国社会科学评价中心贵州实验基地"。项目组在与全国多家智库以及从事智库评价的相关机构进行充分交流的基础上，不断完善评价指标体系，经过项目组成员反复研讨修改，最终创建了"国家高端智库综合评价指标体系"，并撰写了总报告以及四大类智库的分报告。

2017年8月25日，评价研究院召开了"民间智库建设与评价学术研讨会"，会议邀请了阿里研究院、察哈尔学会、北京市长城企业战略研究所、北京方迪经济发展研究院、北京安邦咨询公司、中国民生银行研究院和华夏新供给经济学研究院七家智库的代表共同探讨民间智库建设与评价中涉及的相关问题。

2017年9月1日，评价研究院举办了"综合性智库建设与评价学术研讨会"。来自中国科学院、中国工程院、中共中央党校、中共中央编译局、军事科学院和中国科协等首批国家高端智库建设试点单位的专家代表分别发言。专家代表结合近些年本单位智库建设的主要工作，从发展现状、特色与成果、问题与难点、智库研究与评价等方面纷纷发表了富有时代内涵的观点和建议。

此外，从2017年开始，我们承接了国务院参事室的特别委托项目，持续跟踪分析全球智库研究发展状况，汲取它们的经验为我所用。

上述成果的取得，特别是"国家高端智库综合评价指标体系研究"项目的完成，为我们深入开展更为广泛的机构评价，进而开展有针对性的中国智库综合评价奠定了坚实的理论基础，积累了丰富的实践经验。

（三）项目意义

《国家高端智库建设试点工作方案》以及25家首批国家高端智库建设试点单位的发布，进一步激发了国内智库的发展势头，一批活跃智库在2016年都取得了迅猛发展，特别是在国内外的影响力不断提升。实施国家高端智库建设规划是一个循序渐进的过程，两办《意见》中提出的具体目标是"到2020年前，重点建设一批具有较大影响力和国际知名度的高端智库"。而作为由点到面推进国家高端智库建设的重要举措，入选首批国家高端智库建设试点单位的机构具有极强的示范效应。

为了更好地引导中国智库产业的发展，打造中国特色新型智库体系的新格局，推进国家高端智库建设，评价研究院秉承"评估评价是智库发展的指挥棒"的宗旨，在2016年开始启动"中国智库综合评价AMI指标体系研究"项目，进一步深化对中国智库全面客观的综合评价。"中国智库综合评价AMI指标体系研究"以"中国人文社会科学评价AMI指标体系研究"为大纲，以"国家高端智库综合评价指标体系研究"为基础，遵循智库工作流程，从吸引力、管理力、影响力三方面对中国智库进行综合分析与评价。

"中国智库综合评价AMI指标"是我国智库综合素质的集中反映，该指标体系的开创以及运用AMI评价指标对我国智库进行的评价，是推动中国特色新型智库发展的有益探索，特别是对于支持国家高端智库发展具有重要意义，将为相关部门遴选国内智库提供重要的参考依据，为国内智库的发展提供有益的借鉴与启示。

在当前中国智库迅猛发展的大背景下，科学的智库评价体系将发挥更为重要的作用。它不仅能激励智库将工作做得更加扎实，也能鼓励智库用真正高质量、高水平的研究服务于政策决策。

二　项目规划

（一）基础理论建设

理论研究是实践应用的基础与保障，没有理论基础的实践应用犹如空中楼阁。因此，我们在推进评价体系建设时，始终强调理论与应用相结合，基于评价的基础理论开展实践应用，再不断以实际应用取得的成果数据对基础理论加以论证与完善，致力于构建中国人文社会科学评价理论体系，推动我国评价学的不断发展进步。本项目依托中国社会科学院哲学社会科学研究的雄厚实力，追踪国内外发展动态，开展以哲学、法学、管理学为主要内容的理论研究工作，开展评价方法、评价指标、评价工具的相关研究，健全科学评价体系的理论基础。

（二）人才储备

自创建以来，中国社会科学评价研究院就一直非常重视人才的培养与储备，积极吸纳多领域、跨学科的综合型人才，目前已拥有一支由马克思主义哲学、经济学、法学、文学、文献计量学等多学科研究人员组建的科研团队。这些研究人员的学科背景为今后不断深化研究、推进实践提供了全面的智力支撑。

同时，我们与国内外的相关研究机构和智库建立了广泛的联系，构建了一个研究网络，共享资源，协作研究。

（三）原则目标

中国社会科学评价研究院是中国社会科学院的直属研究机构，坚持"中国社会科学院作为马克思主义的坚强阵地、中国哲学社会科学研究的最高殿堂、党和国家重要的思想库智囊团"的定位，致力于通过构建公正、合理的智库评价体系为中国特色新型智库建设和发展贡献力量。

在认真系统地学习习近平总书记在中央深改组第六次会议、哲学社会科学工作座谈会、省部级主要领导干部"学习习近平总书记重要讲话精神，迎接党的十九大"专题研讨班开班式上的系列重要讲话，以及刘云山同志在国家高端智库建设试点工作会议上的重要讲话，刘奇葆同志在国家高端智库理事会扩大会议上的重要讲话，以及两办《意见》、《国家高端智库管理办法（试行）》等中央关于高端智库建设的一系列文件的基础上，我们认为，在评价指标体系的设计方面，要遵循"指标体系应当以智库成果质量和实际贡献为核心指标，综合考虑智库的研究实力、运行机制、决策影响、社会影响、国际影响等因素，坚持定性与定量相结合、同行评议与社会评议相结合、内部评价与外部评价相结合"的原则。同时，在来源智库遴选方面，要正确领会"统筹推进党政部门、社科院、党校行政学院、高校、军队、科研院所和企业、社会智库协调发展"的中心思想，以"形成定位明晰、特色鲜明、规模适度、布局合理的中国特色新型智库体系"为目的，遵循全面、客观、科学、合理的选取原则。

在上述基本原则的指导下，把"智库评价与成果评价、人才激励有机结合"，防范"唯成果数量论和盲目追求社会知名度"，力求在综合考虑不同类型智库之间差异的基础上，探索"建立一套科学合理的权威评价指标体系，以智库成果质量和实际贡献为核心指标"，设计出一套专门针对中国智库综合发展力的评价指标体系。项目的最终目标是，创建具有科学性、权威性、指导性、针对性、工具性及可操作性，兼顾整体的通用性与差异性的"中国智库综合评价AMI指标体系"。

三 中国智库综合评价过程

"中国智库综合评价AMI指标体系研究"项目全面启动后，项目组针对国内智库的发展现状，采取了三步数据排查与三轮调研相结合的方法，逐一进行排查、界定、分类遴选，开展相关调研工作，在广泛听取意见与建议的基础上，最终汇总形成了参评智库名单及分类核心智库榜单。

（一）三步数据排查与三轮调研相结合

1. 第一步：外部数据采集与加工

项目组首先汇总了国内现有智库评价与研究成果，针对国内现有主要四家智库评价与研究机构已经公开发表过的智库数据库进行了摸排和初步收集。项目组共采集了 2335 条包含重复信息在内的智库外部数据（以下简称为"外部数据"），这些外部数据由以下四方面构成：

外部数据（1）：基于社会科学文献出版社出版的《中国智库名录》2015 年版和 2016 年版所收录的智库名录；

外部数据（2）：基于上海社会科学院编制的 2016 年和 2017 年《中国智库报告》主观问卷的"智库备选池"；

外部数据（3）：基于四川省社会科学院、中国科学院成都文献情报中心联合组建的中华智库研究中心"智库影响力排行榜"项目组编制的 2016 年和 2017 年主观问卷的"智库评价列表"；

外部数据（4）：基于南京大学中国智库研究与评价中心和光明日报智库研究与发布中心合作研发的 2016 年"CTTI 来源智库"。

项目组对 2335 条外部数据进行合并后，共获得 1693 条基础数据。项目组在进行初期数据加工过程中，统计了所有被收录智库机构在四家外部数据中的重复率，并以此为基础，经过初步的分类筛选与增减，保留了 1303 家机构作为考察数据，由此，我们对中国智库的发展概况及其社会认知度有了初步的掌握。

2. 第二步：遴选样本智库

2015 年 11 月 9 日，中央全面深化改革领导小组第十八次会议审议通过《国家高端智库建设试点工作方案》，批准 25 家单位为首批国家高端智库建设试点单位。按照该方案，25 家首批国家高端智库建设试点单位划分为四大类，即第一类是党中央、国务院、中央军委直属的综合研究机构（以下简称"综合性智库"），共 10 家；第二类是依托大学和科研机构形成的专业性智库（以下简称"专业性智库"），共 12 家；第三类是依托大型国有企业的 1 家智库（以下简称"企业智库"）；第四类是基础较好的社会智库（以下简称"社会智库"），共 2 家。

项目组依照《国家高端智库建设试点工作方案》，将外部数据划分为综合、专业、社会、企业四大类别，利用互联网，逐条核实外部数据，初步筛查出网址存疑、数据缺失和不符合智库功能定位的"存疑智库"名单。针对"存疑智库"名单中的机构，通过电话、邮件、实地调研、专家咨询等多种调研方法和渠道进一步加以核实。项目组根据调研的反馈信息对外部数据进行了删减，同步添加了调研过程中新获取的智库机构信息。

其间，项目组开展了三轮调研工作：

第一轮调研：项目组通过电子邮件向被调研智库发放《中国智库综合评价调研问卷（2017 年版）》。

第二轮调研：项目组通过电话调研进一步核实被调研智库的相关信息。

第三轮调研：项目组开展实地调研，现场发放纸质《中国智库综合评价调研问卷（2017 年版）》，并进行说明答疑，同步开展专家咨询，听取各领域专家对智库的界定及分类的意见与建议。

自 2013 年 12 月 26 日成立以来，我们开展广泛的实地调研，覆盖全国各省、自治区、直辖市及港澳台地区。

通过三轮调研，项目组共遴选了 722 家样本智库，其中综合性智库 150 家，专业性智库中的部委所属专业性智库 36 家，高校智库（含合作类）366 家，企业智库 69 家，社会智库 101 家。

3. 第三步：遴选参评智库

项目组遵循"中国智库综合评价 AMI 指标体系研究"项目 2017 年参评智库遴选七项原则，选取各类参评智库合计 531 家。

原则一，25 家首批国家高端智库建设试点单位暂不列为 2017 年"中国智库综合评价 AMI 指标体系研究"项目的参评智库；

原则二，对于在实地走访和电话、邮件调研中明确表示不参与此次评价项目的智库，我们尊重其意见，暂不列为2017年"中国智库综合评价AMI指标体系研究"项目的参评智库；

原则三，中国社会科学院院属19家专业化智库暂不列为2017年"中国智库综合评价AMI指标体系研究"项目的参评智库；

原则四，项目调研对象包括港澳台地区的智库机构，但暂不列为2017年"中国智库综合评价AMI指标体系研究"项目的参评智库；

原则五，项目组主要依据参评智库在2016年度（2016年1月1日—12月31日）的数据及各方面的相关资料进行评价。因此，提供数据不够完整的智库机构，或通过公开渠道无法获取充足数据信息的智库机构，暂不列为2017年"中国智库综合评价AMI指标体系研究"项目的参评智库；

原则六，参评智库的机构名称、机构属性等基本信息以及智库成果等相关信息均以该机构填写并反馈的《中国智库综合评价调研问卷（2017年版）》信息为准；

原则七，对于来源智库数据库中没有反馈《中国智库综合评价调研问卷（2017年版）》的智库，按不同类型和领域遴选出重点考察智库，采取人工信息采集的方法进行数据完善，以期做到重点智库无遗漏。

表1 2017年"中国智库综合评价AMI指标体系研究"项目参评智库组别

序号	智库类型	组别	参评智库数量
1	党校	省级党校（行政学院）	39
2		副省级城市党校（行政学院）	15
3	地方社科院	省、自治区、直辖市	30
4		副省级城市	22
5	地方政府智库		33
6	部委智库	部委所属专业性智库	25

续表

序号	智库类型	组别	参评智库数量
7	高校智库	A类–211高校经济领域	52
8		A类–211高校国际领域	41
9		A类–211高校社会政法领域	53
10		A类–211高校其他领域	45
11		B类–普通高校经济领域	14
12		B类–普通高校国际领域	11
13		B类–普通高校社会政法领域	6
14		B类–普通高校其他领域	6
15		C类–合作类	15
16	企业智库	国有企业智库	32
17		民营企业智库	7
18		媒体智库	15
19	社会智库	国家级社会组织注册	22
20		地方级社会组织注册	23
21		企业法人注册	15
22		智库平台	10
		合　计	531

资料来源：项目组编制。

（二）定性评价与定量评价相结合

项目组始终坚持定性与定量相结合的评价原则。在定量评价方面，项目组通过邮件、传真、现场发放机构调研问卷，并以电话、实地走访等方式尝试与所有来源智库建立直接联系，回收机构调研问卷与人工信息采集相结合，收集客观评价数据。

在定性评价方面，项目组为了使主观评价主体的范围尽可能广泛，进行了大量的专家搜集工作。第一批专家库，囊括了包括智库的创建者、管理者、运营者以及智库的工作人员（含研究人员）和智库的需求方在内的600余位相关人员。邀请各学科、各领域的专家，从智库内部与外部，全方位、多角度地针对参评智库进行主观评价。

项目组勇于探索，大胆创新，在《中国智库综合评价专家评价问卷（2017年版）》的具体设计上主要突出以下五个创新点。

创新点一，不断细化智库分类。

项目组将531家参评智库划分为四大类22个组别，以便于专家在进行评价时，能够更快捷地从相对较少的样本数据中选取打分对象，同时，也相应提高了同组别内样本智库间的可比性。例如，高校智库共划分了9个组别。

创新点二，评选数量不设硬性指标。

项目组根据不同类型组别内参评智库基数的大小，按比例设定各组别相应的评选智库数量，以此避免无视参评智库基数大小，一刀切，统一选取同等数量优秀智库的做法，相对提高了评价结果的合理性。并且，项目组明确说明对于评选智库的数量不设硬性指标，所设定的每组评选智库的数量只是指导性指标，进行评价的专家可根据自己的领域，挑选自己熟悉的智库进行打分评价，不熟悉可不填写，并非每个组别内的参评智库都需要打分，以此避免为完成硬性指标数量，而给不熟悉甚至是不知道的智库随意打分评价的情况，相对提高了评价结果的质量。

创新点三，分项打分，扩大分值区间。

项目组设定针对每家参评智库按照AMI三项指标分别进行打分评价，以便更为准确地了解各家智库在不同方面的表现情况。同时，项目组打破目前常用的3分制或5分制，扩大了分值区间的设定，采用10分制，力求提高专家打分的精准度。

创新点四，有意识地打破常规排序。

在每一组别内的智库排序上，项目组自行设定了组别内的排序方法，有意识地打破常规排序，避免评分人习惯性地按自然排序选取，或对评分人的打分产生排序上的误导，在一定程度上提高了专家评价问卷的质量和有效性。在项目组最终回收的专家评价问卷中，只有一份问卷是按照组别内智库序号，选取每组前5名或前10名进行打分。

创新点五，增加分类推荐智库表。

为了更为广泛地收取各领域专家的意见与建议，项目组不仅在专家问卷的最后增加了"推荐智库"的填写空白表，而且在每一组别的下面也增加了"分类推荐智库表"，力求更为精准、全面地补充完善现有的中国智库数据库。

（三）数据统计与分析

项目组采用一手资料采集和二手资料采集并举的调研方法。

一手资料的采集方法主要包括：项目组针对国内智库进行实地调研，面向国内智库及专家进行问卷调研和电话调研，举办重点智库的交流座谈会和智库专家研讨会等多种方式，采集的智库基本信息、运营模式、研究内容、观点成果等相关数据及材料，作为项目组开展客观评价与主观评价的基本依据。

项目组针对回收的《中国智库综合评价调研问卷（2017年版）》（即机构调研问卷）和《中国智库综合评价专家评价问卷（2017年版）》（即专家评价问卷）分类建档，逐一确认并加以录入统计。从项目组回收的调研问卷整体情况来看，机构调研问卷的填写质量参差不齐，机构提供的相关数据及年报、规章制度等支撑文件直接影响了项目组对该机构的全面了解及整体评价。相比较而言，专家评价问卷的整体质量较高，参考价值更大，而且很多专家都标注了细致的点评。项目组对于采集的大量智库信息，特别是专家反馈的意见与建议进行了认真记录和系统整理，初步建立起中国智库数据库和智库专家数据库，依据"中国智库综合评价AMI指标体系"及相关权重设计，对参评智库进行分数核算与数据分析，并最终汇总形成《中国智库综合评价AMI指标体系研究报告（2017）》。

二手资料的采集方法主要包括，项目组利用互联网资源、第三方数据库资源等渠道，采集网络公开信息及数据、图书文献资料、研究报告等智库相关数据及材料，作为项目组全面了解参评智库机构、开展多角度综合评价的重要参考。

在本项目实施过程中，项目组同步开展中国智库数据库和智库专家数据库的建设工作，收录本项目调研过程中采集的全部一手和二手资料，为今后开展持续性研究工作提供有力的数据支撑与保障,建立可持续发展的统计分析支撑系统。

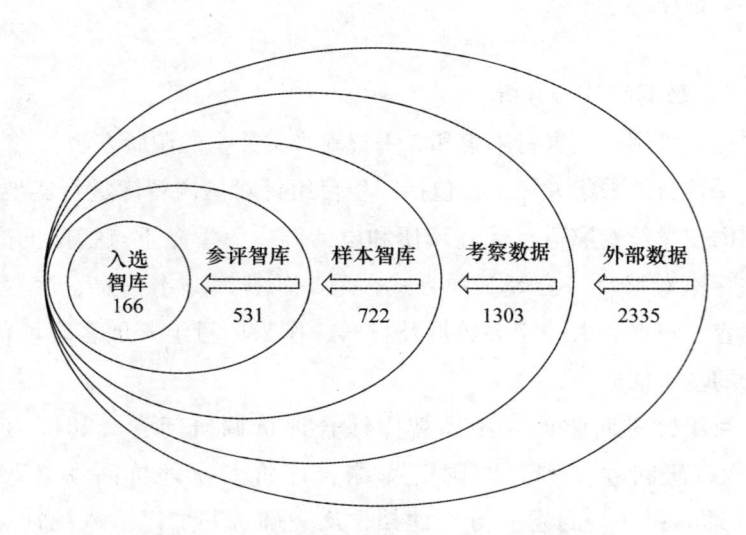

```
入选智库 166  ← 参评智库 531  ← 样本智库 722  ← 考察数据 1303  ← 外部数据 2335
```

图1　2017年中国智库综合评价数据遴选圈层图

资料来源:项目组绘制。

项目组基于国内现有主要四家智库评价与研究机构已经公开发布的包含重复信息在内的2335条智库的外部数据进行了摸排和初步的数据加工与筛查,保留了1303条考察数据进入第二步的样本智库遴选环节。通过三轮调研,项目组共遴选了722家样本智库,其中包括综合性智库150家、专业性智库中的部委所属专业性智库36家、高校智库(含合作类)366家、企业智库69家、社会智库101家。项目组遵循"中国智库综合评价AMI指标体系研究"项目2017年参评智库遴选七项原则,选取各类参评智库合计531家,并细分为四大类22个组别,发放《中国智库综合评价专家评价问卷(2017年版)》开展定性评价工作。项目组依据"中国智库综合评价AMI指标体系"及相关权重设计,在参考《中国智库综合评价调研问卷(2017年版)》及其相关支撑材料和《中国智库综合评价专家评价问卷(2017年版)》的相关结果,并在结合调研访谈和信息采集过程中获取的相关资料开展综合评价的基础上，最终按比例选取了各类参评智库中 AMI 指标综合表现最为突出的166家智库。

四 中国智库综合评价 AMI 指标体系

中国特色新型智库是以战略问题和公共政策为主要研究对象、以服务党和政府科学民主依法决策为宗旨的非营利性研究咨询机构，应当坚持正确方向，体现中国特色；坚持高端定位，积极服务决策；坚持研以致用，专业性和综合性相结合；坚持改革创新，建立灵活高效的运行机制；坚持人才为先，凝聚一流研究队伍，具备以下基本标准：（1）遵守国家法律法规、相对稳定、运作规范的实体性研究机构；（2）特色鲜明、长期关注的决策咨询研究领域及其研究成果；（3）具有一定影响的专业代表性人物和专职研究人员；（4）有保障、可持续的资金来源；（5）多层次的学术交流平台和成果转化渠道；（6）功能完备的信息采集分析系统；（7）健全的治理结构及组织章程；（8）开展国际合作交流的良好条件等。

"中国智库综合评价 AMI 指标体系"主要从吸引力、管理力和影响力三个层次对智库进行评价，"中国智库综合评价 AMI 模型"如图2所示。

吸引力（Attractive Power）：指中国智库的外部环境，良好的外部环境能够吸引更多的资源，提升评价客体的吸引力。

管理力（Management Power）：指中国智库的管理者管理评价客体的能力，促进评价客体发展的能力。

影响力（Impact Power）：是中国智库的直接表现，是吸引力和管理力水平的最终体现。

"中国智库综合评价 AMI 指标体系"的设计原则：

第一，评价指标注重定性与定量相结合。我们深知必须突破单纯依靠主观定性评价方法的瓶颈，构建全面的定性加定量的评价指标体系，探索外部（第三方）主观评价与客观评价相结合的方法。

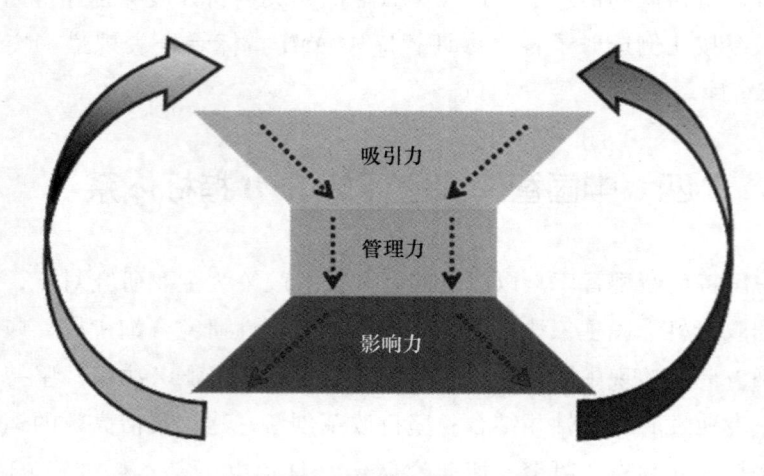

图 2　中国智库综合评价 AMI 模型

资料来源：项目组绘制。

第二，指标体系设计契合智库的工作流程。吸引力好似一个漏斗，显示智库的外在声誉，对外界的吸引能力；管理力好似孵化器，展示智库的内在运作能力，即智库如何提高内部的有效管理，提高产出能力；影响力好似喇叭，展现智库的对外传播、政策作用等能力。这三种力相互作用，影响力大了则会反哺吸引力，而吸引力加大则会促使更多的高品质人员聚集到智库，提升管理水平。

第三，指标覆盖面广。具体而言，吸引力包括同行评议、人才吸引力和资金吸引力；管理力按照"7S 理论"选取了战略、组织、系统、人员、风格、价值观、技术等指标；影响力则包括政策影响力、学术影响力、社会影响力和国际影响力。

第四，充分考虑到评价指标的可操作性。在评价指标体系设计的整个研究过程中，项目组始终基于数据的可获得性和可量化性，保证评价指标体系的可操作性。

第五，考虑到各类智库间的差异，项目组对中国智库按照各类型分别设计了评价权重，即分别对综合性智库、专业性智库、企业智库、社会智库进行评价。

第六，考虑到指标之间的关联性，在评价指标设项上，对于某一项指标的设项，不是单纯选取单项绝对值，而是结合其他指标设项，在指标之间建立关联性，利用多个关联指标项计算比例分值，并进行分档计分，设定该项指标的最高分值。另外，在设定分值时，充分考虑了各指标权重的合理性。也就是说，不仅考虑单一指标分值的科学合理性，更兼顾到该指标与其他指标分值的平衡。

这样的指标设计在充分肯定单项指标重要性的同时，也更为全面、客观、公平地考虑到了智库间的规模差异，对于成立时间短、规模尚小的智库有很好的激励作用，同时对填报单位猜测评价方法、揣测设项意图、有目的性地填报或虚报数据起到了一定的防范作用，力求评价结果更具公平性、客观性。

表2　　　　　　　　　　中国智库综合评价AMI指标体系

一级指标(3)	二级指标(14)	三级指标(40)	四级指标(86)
吸引力	声誉吸引力	同行评议	决策声誉
			学术声誉
		历史	成立时间
	人才吸引力	人员规模	工作人员总数
		领军人物	领军人物占研究人员总数的比例
		人才培养	博士后流动站或博士后科研工作站
			国内进修
			国际进修
			地方政府部门挂职
		待遇	研究人员待遇
			科研辅助人员待遇
	资金吸引力	资金来源	多元化
		资金值	研发经费占比

续表

一级指标（3）	二级指标（14）	三级指标（40）	四级指标（86）
管理力	战略	发展规划	制定长、中、短期战略规划
	组织	客户关系管理	设置人员专门负责维护与党政机关、学术机构、媒体、企业、国外机构的关系
		规章制度	与智库建设相匹配的章程、规章制度
		组织规范	实体机构
		组织规模	国内分支机构
	系统	流程管理	规范制度
		信息化管理	独立网站
			数据库
			文献
	人员	素质	工作人员的学历
			研究人员的学历
		结构	年龄结构
			岗位结构
			国际化
		研究人员产出	学术产出
			政策产出
	风格	管理风格	历史传统，文化传承
	价值观	导向管理	明确的价值观和使命感
	技术	研究方法	多样性
			科学性
		创新能力	对已有知识的获取
			对未知领域的研发
		基础研究能力	长期投入
			前瞻性
影响力	政策影响力	对政策制定的影响力	党政部门委托研究项目
			咨政报告
			提供政策咨询
			参与政策制定
			咨政类定期出版物
			获得批示

续表

一级指标（3）	二级指标（14）	三级指标（40）	四级指标（86）
影响力	政策影响力	成果转化	政策应用
			对产业的贡献
		咨政渠道	国家级渠道
			省部级渠道
			其他
		与政府及决策者的关系	曾在党政部门任职的工作人员
			离开智库到党政机关任职的工作人员
			对外提供干部培训
	学术影响力	学术成果	论文
			专著
			课题
			研究报告
			学术期刊
			教材
		学术活动	举办国内学术会议
			在学术会议上发表演讲
	社会影响力	传统媒体	发表观点
			获得报道
		新媒体	发表观点
			获得报道
		社会责任	社会公益项目
			政策宣讲活动
			社会宣讲或培训
		国内合作	合建机构
		信息公开	研究成果开放获取
			网站维护

续表

一级指标 （3）	二级指标 （14）	三级指标 （40）	四级指标 （86）
影响力	国际影响力	国际会议	独立举办国际会议
			联合举办国际会议
			在国际会议上发表演讲
			受邀出席国际会议
		国际合作	人员交流
			国际合作研究成果
			国际合作项目
			国际合作机构
		国际媒体	发表观点
			获得报道
		外文成果	公开发表
		国际化网络	国外分支机构
			外籍研究人员
		外语应用	研究人员使用外语公开发布研究报告、发表学术论文的语种数
			出版外文期刊的语种数
			发布外文专题报告的语种数
			外语网站的语种数

资料来源：项目组编制。

五 中国智库综合评价结果

项目组秉承"评估评价是智库发展的指挥棒"的宗旨，始终坚持"不为排名而评价"。此次评价研究院发布中国智库综合评价结果，旨在推进中国特色新型智库建设工作，引导各家智库以入选智库为范例参考，在自身的智库建设与发展过程中找不足、补短板，推进协调发展。

项目组以参评智库提交的《中国智库综合评价调研问卷（2017年版）》的数据为基础，汇总《中国智库综合评价专家评价问卷（2017年版）》及参评智库提供的机构相关支撑材料，并结合调研访谈和信息采集过程中获取的相关资料，坚持定性与定量相结合的评价原则，采用主观与客观相结合的评价方法，运用自行研创的"中国智库综合评价AMI指标体系"开展综合评价后，按比例选取各类参评智库中AMI指标综合表现最为突出的智库，汇总形成对中国智库综合评价的分类和核心智库名单，各分项智库名单不分先后，按入选智库名称的拼音字母排列。

入选核心智库名单的综合性智库

表3 省级党校（行政学院）

参评智库：39家

入选智库：10家

（按智库名称拼音字母排列，排名不分先后）

智库名称
中共北京市委党校（行政学院）
中共重庆市委党校（行政学院）
中共广东省委党校（行政学院）
中共河南省委党校（行政学院）
中共湖南省委党校（行政学院）
中共江苏省委党校（行政学院）
中共山东省委党校
中共上海市委党校（行政学院）
中共四川省委党校（行政学院）
中共浙江省委党校（行政学院）

资料来源：项目组编制。

表 4　副省级党校（行政学院）

参评智库：15 家

入选智库：5 家

（按智库名称拼音字母排列，排名不分先后）

智库名称
中共成都市委党校（行政学院）
中共大连市委党校（行政学院）
中共杭州市委党校（行政学院）
中共南京市委党校（行政学院）
中共厦门市委党校（行政学院）

资料来源：项目组编制。

表 5　地方社科院（省、自治区、直辖市）

参评智库：30 家

入选智库：10 家

（按智库名称拼音字母排列，排名不分先后）

智库名称
北京市社会科学院
重庆市社会科学院
福建省社会科学院
广东省社会科学院
湖北省社会科学院
湖南省社会科学院
江苏省社会科学院
山东省社会科学院
四川省社会科学院
浙江省社会科学院

资料来源：项目组编制。

表6 地方社科院（副省级、省会城市）

参评智库：22 家

入选智库：5 家

（按智库名称拼音字母排列，排名不分先后）

智库名称
成都市社会科学院
杭州市社会科学院
深圳市社会科学院
武汉市社会科学院
郑州市社会科学院

资料来源：项目组编制。

表7 地方政府智库

参评智库：33 家

入选智库：10 家

（按智库名称拼音字母排列，排名不分先后）

智库名称
北京市经济信息中心
重庆市人民政府发展研究中心
福建省人民政府发展研究中心
广东省人民政府发展研究中心
湖南省人民政府发展研究中心
宁波市人民政府发展研究中心
上海国际问题研究院
上海市人民政府发展研究中心
深圳市人民政府发展研究中心
浙江省人民政府发展研究中心

资料来源：项目组编制。

入选核心智库名单的专业性智库
——部委所属专业性智库

表8　部委所属专业性智库

参评智库：25家

入选智库：10家

（按智库名称拼音字母排列，排名不分先后）

智库名称
国家发展和改革委员会国际合作中心
国家统计局统计科学研究所
环境保护部环境规划院
中国财政科学研究院
中国国际问题研究院
中国环境科学研究院
中国教育科学研究院
中国科学技术发展战略研究院
中国人民银行金融研究所
住房和城乡建设部政策研究中心

资料来源：项目组编制。

入选核心智库名单的专业性智库
——高校智库

表9　高校智库A类——211高校经济领域

参评智库：52家

入选智库：16家

（按智库名称拼音字母排列，排名不分先后）

智库名称
北京交通大学中国产业安全研究中心
北京师范大学中国收入分配研究院
复旦大学中国经济研究中心

续表

智库名称
贵州大学中国西部发展能力研究中心
华中师范大学中国农村智库发展平台
暨南大学经济与社会研究院
南开大学经济与社会发展研究院
清华大学中国与世界经济研究中心
上海交通大学中国发展研究院
武汉大学经济发展研究中心
西北大学中国西部经济发展研究中心
西南财经大学中国金融研究中心
厦门大学宏观经济研究中心
浙江大学中国农村发展研究院
中山大学高级金融研究院
中央财经大学中国互联网经济研究院

资料来源：项目组编制。

表10　高校智库A类——211高校国际领域

参评智库：41家

入选智库：14家

（按智库名称拼音字母排列，排名不分先后）

智库名称
北京大学国际战略研究院
北京外国语大学公共外交研究中心
对外经济贸易大学中国世界贸易组织研究院
复旦大学美国研究中心
广西大学中国—东盟研究院
兰州大学中亚研究所
宁夏大学中国阿拉伯国家研究院
清华大学国际关系研究院
上海财经大学上海国际金融中心研究院
上海外国语大学中东研究所

续表

智库名称
同济大学德国研究中心
武汉大学中国边界与海洋研究院
厦门大学东南亚研究中心
浙江大学非传统安全与和平发展研究中心

资料来源：项目组编制。

表 11　高校智库 A 类——211 高校社会政法领域

参评智库：53 家

入选智库：16 家

（按智库名称拼音字母排列，排名不分先后）

智库名称
北京大学国家治理协同创新中心
复旦发展研究院
华中科技大学国家治理研究院
暨南大学华侨华人研究院
兰州大学西北少数民族研究中心
清华大学现代管理研究中心
陕西师范大学中国西部边疆研究院
上海财经大学公共政策与治理研究院
上海大学基层治理创新研究中心
上海交通大学第三部门研究中心
苏州大学东吴智库
厦门大学台湾研究中心
云南大学边疆民族问题智库
中国传媒大学国家传播创新研究中心
中国政法大学法治政府研究院
中山大学国家治理研究院

资料来源：项目组编制。

表12　高校智库A类——211高校其他领域

参评智库：45家

入选智库：14家

（按智库名称拼音字母排列，排名不分先后）

智库名称
北京大学文化产业研究院
北京师范大学首都教育经济研究院
北京外国语大学中国外语与教育研究中心
东北师范大学中国农村教育发展研究院
华南理工大学公共政策研究院
清华大学国家文化产业研究中心
陕西师范大学西北国土资源研究中心
上海交通大学高等教育研究院
天津大学中国文化遗产保护国际研究中心
西南大学西南民族教育与心理研究中心
厦门大学教育研究院
云南大学云南生态文明建设发展智库
中国石油大学中国能源战略研究院
中央财经大学国防经济与管理研究院

资料来源：项目组编制。

表13　高校智库B类——普通高校经济领域

参评智库：14家

入选智库：5家

（按智库名称拼音字母排列，排名不分先后）

智库名称
重庆工商大学长江上游经济研究中心
广东财经大学国民经济研究中心
南京财经大学现代服务业智库
上海对外经贸大学国际经贸治理与中国改革开放联合研究中心
中南民族大学湖北全面小康研究院

资料来源：项目组编制。

表 14　高校智库 B 类——普通高校国际领域

参评智库：11 家

入选智库：4 家

（按智库名称拼音字母排列，排名不分先后）

智库名称
广东外语外贸大学广东国际战略研究院
国际关系学院国际战略与安全研究中心
上海对外经贸大学国际经贸研究所
浙江师范大学非洲研究院

资料来源：项目组编制。

表 15　高校智库 B 类——普通高校社会政法领域

参评智库：6 家

入选智库：2 家

（按智库名称拼音字母排列，排名不分先后）

智库名称
广州大学台湾研究院
天津科技大学食品安全战略与管理研究中心

资料来源：项目组编制。

表 16　高校智库 B 类——普通高校其他领域

参评智库：6 家

入选智库：2 家

（按智库名称拼音字母排列，排名不分先后）

智库名称
上海师范大学国际与比较教育研究院
首都师范大学美育研究中心

资料来源：项目组编制。

表17 高校智库C类——高校合作类智库

参评智库：15家

入选智库：6家

（按智库名称拼音字母排列，排名不分先后）

智库名称
长江教育研究院
清华—布鲁金斯公共政策研究中心
清华—卡内基全球政策中心
武汉大学国家文化发展研究院
浙江大学公共政策研究院
中国南海研究协同创新中心

资料来源：项目组编制。

入选核心智库名单的企业智库

表18 国有企业智库

参评智库：32家

入选智库：10家

（按智库名称拼音字母排列，排名不分先后）

智库名称
国家电网公司国网能源研究院
国家开发银行研究院
神华集团有限责任公司科学技术研究院
中国电子科技集团公司发展战略研究中心
中国核工业集团公司中国核科技信息与经济研究院
中国能源建设集团有限公司电力规划设计总院
中国石油化工集团公司经济技术研究院
中国移动通信集团公司研究院
中国银行国际金融研究所
中国中信集团有限公司中信改革发展研究基金会

资料来源：项目组编制。

表19 民营企业智库

参评智库：7家

入选智库：2家

（按智库名称拼音字母排列，排名不分先后）

智库名称
阿里研究院
腾讯研究院

资料来源：项目组编制。

表20 媒体智库

参评智库：15家

入选智库：5家

（按智库名称拼音字母排列，排名不分先后）

智库名称
21世纪经济研究院
第一财经研究院
凤凰网国际智库
封面智库
人民网研究院

资料来源：项目组编制。

入选核心智库名单的社会智库

表21 注册为国家级社会组织的智库

参评智库：22家

入选智库：7家

（按智库名称拼音字母排列，排名不分先后）

智库名称
东中西部区域发展和改革研究院
中国法学会

续表

智库名称
中国经济体制改革研究会
中国南海研究院
中国企业改革与发展研究会
中国人民外交学会
中国行政体制改革研究会

资料来源：项目组编制。

表22　注册为地方级社会组织的智库

参评智库：23家

入选智库：6家

（按智库名称拼音字母排列，排名不分先后）

智库名称
21世纪教育研究院
察哈尔学会
广东亚太创新经济研究院
湖南省农村发展研究院
全球化智库（CCG）
深圳创新发展研究院

资料来源：项目组编制。

表23　注册为企业法人的智库

参评智库：15家

入选智库：4家

（按智库名称拼音字母排列，排名不分先后）

智库名称
福卡智库
经纬智库
盘古智库
中国（海南）改革发展研究院

资料来源：项目组编制。

表 24　智库平台

参评智库：10 家

入选智库：3 家

（按智库名称拼音字母排列，排名不分先后）

智库名称
华夏新供给经济学研究院
中国金融四十人论坛
中国经济 50 人论坛

资料来源：项目组编制。

六　有关中国特色新型智库发展现状的几点看法

建设具有中国特色的新型智库，既是提升我国文化软实力的实际需要，又是实行科学决策、民主决策的实际需要，也是推进国家治理体系和治理能力现代化的迫切需要。2015 年 1 月，两办《意见》下发之后，我国掀起了"智库热"。有关"智库热"的具体体现，我们曾经在《全球智库评价报告（2015）》中做过分析。如今"智库热"仍然在持续，有些"症状"与前两年的状况相似，有些"症状"却比前两年更为严重，并且延伸演变出一些新的状况，具体表现在如下几个方面：

第一，热在数量——重视智库的数量增加，而忽略了智库的质量提高。[①] 2015 年，我们在《全球智库评价报告（2015）》中，估算新建的智库有五千家左右。[②] 尽管我们知道这种估算是超出一般人想象的，数字也是有一定水分的，而且我们也非常清楚，许多智库只是一个牌子而已。但很显然，这种数量的增长与质量的提升并非同步。对于我国智库的总量规模，根据我们的调研及综合判断，可查证的机构数量为本项目的样

---

① 陈永杰：《建设中国特色新型智库要纠正异化制止乱象》，《经济观察报》2015 年 5 月 25 日。
② 荆林波等：《全球智库评价报告（2015）》，中国社会科学出版社 2016 年版，第45 页。

本智库722家。而智库的质量是本，能否建立健全决策咨询制度，这才是加强中国特色新型智库建设的原动力。

第二，热在排行榜——重视智库的排行，而忽略了智库的整体建设。这个热度有增无减。国内部分智库把精力放在了排行上，而且掺杂着"崇洋媚外"的成分。自美国宾夕法尼亚大学推出《全球智库报告》及全球智库排名以来，这一现象便已出现，然而这一研究报告存在着许多硬伤。对此，我们指出六个主要问题：评价方法欠缺客观性；研究力量单薄，无法保证研究报告的质量；专家遴选机制缺乏规范化而且不够透明；报告存在较多漏洞，有些是常识性的错误；工作态度不够严谨，缺乏科学的程序；新闻通稿的宣传内容存在不实之处。[①] 在2016年6月香山智库国际论坛上，我们当面向《全球智库报告》的主持人麦甘博士本人指出了这些问题。然而，我们发现《全球智库报告》中的问题仍然不断出现，特别是"公开、公平、公正"的评价精神一直没有得到有效贯彻。

智库过度重视排行榜，结果是带动了我国的"智库评价热"，智库评价机构不断出现，一时间，许多机构加入到智库评价的浪潮中。关于这一点，我们将在智库评价一节加以进一步分析。

智库应当把重心放在整体建设上，而不应当追逐各种排行榜。当然，我们也深切理解我国智库的苦衷，排行榜的位次关系着智库建设的资金是否可持续获取、智库的发展乃至许多人的切身利益。

第三，热在传播——重视智库的宣传，而忽略了智库核心工作是咨政建言。不可否认，过去我国的智库不太重视智库成果的对外宣传，将许多研究成果束之高阁，没有给相关的决策部门、意见领袖和社会大众进行充分的反馈。所以，智库的一项重要工作是对国内外的宣传。但是，绝不能矫枉过正——把宣传工作作为智库的首要任务，而忽略了智库的核心工作是公共政策的研究。我们发现个别国内智库热衷于上媒

[①] 荆林波等：《全球智库评价报告（2015）》，中国社会科学出版社2016年版，第11—16页。

体、办论坛，甚至哗众取宠造势作秀，而没有把主要的精力放在咨政研究上。这种本末倒置的做法，不仅没有引起大家的警觉，反而乐在其中，并且带来大量的模仿者。试想如果此风盛行下去，长此以往，后果不堪设想。

第四，热在跟风——重视热点问题的跟踪研究，而忽略了开拓性创新型研究。 智库贵在有自己的侧重方向，有自己的研究特色，乃至有自己对相关问题的独立见解。而今我国的许多智库热衷于对时下热点问题的跟踪，这样，难免出现"千库一面""万库一声"的尴尬局面。建设中国特色新型智库难在如何让中国智库引领议题的设置权，掌握话语权，这就要求避免千篇一律、人云亦云的模仿型研究，需要开拓新的领域，从国家利益的高度，以我为主、替我所言、为我所用，真正发挥智库的参政议政作用。

第五，热在咨询——重视咨询活动，而忽略了公共政策的研究。 在我国，目前一些智库热衷于通过智库的牌子做咨询项目，通过与某些政府官员、个别部门进行合作，获取经济利益和社会口碑。其重心如此，也是如此多的退居二线的官员乐于在智库中挂职，无非是利用他们过去的人脉关系，把体制内的资源向新建的智库进行转移与输送。

综上所述，"智库热"在中国有其客观必然需求，也有人为因素。在这股热潮中，我们不应失去理性，应当高度关注"智库热"的特征，防止"燥热"带来的盲目与冲动，损坏了智库发展的大好环境。同时，要对智库建设加以引导，求真务实，稳扎稳打；以质为本，做好基础建设工作；树立问题导向，加强政策研究；咨政与宣传并重，内部修炼与外部推广兼有；掌握议题，创新咨政，兼收并蓄，开发协同。只有如此，中国特色新型智库的春天才会持续长久。

要建设具有国际影响力、世界知名度的中国特色新型智库任重道远，仍然需要砥砺前行。

首先，我们必须正确认识中国智库所处的地位，才能更好地理解任重道远的内涵。

从赢得全球话语权的角度而言，我国仍然缺乏世界一流的权威智库。

尽管中国社会科学评价研究院发布的《全球智库评价报告（2015）》在"全球智库百强排行榜"中，为了回避，没有把中国社会科学院作为评价对象，但仍然有9家中国智库入选。即便如此，我国智库的全球话语权仍无法与顶级的国际智库相提并论。人们对斯德哥尔摩国际和平研究所、查塔姆社、布鲁金斯学会、传统基金会、战略与国际研究中心等知名智库都非常熟悉。纵观智库的发展历程，我们可以清楚地发现，智库的一个核心作用在于掌握话语权，创设新的议题，引导国内外舆论的走向。比如，所谓"中美共治"（G2）、"中美欧大三角"（G3）等热议话题背后都是美国智库专家们的精心策划。又如，成立于1977年的卡托研究所深受亚当·斯密的古典自由主义思想的影响，主张减少政府对于国内政治、经济和社会的干预，并且减少在国际上的政治和军事干预。为此，它总是能够提出一系列的相关议题与政策建议，具体包括：在经济上，减少联邦政府对市场运作以及地方州政府的干预、废止最低工资管制、废止企业补助和贸易壁垒；在社会相关政策上，深化自由学校选择制度、废止政府实行的族群歧视政策、改革反毒品政策等。

习近平新时代中国特色社会主义思想不仅仅是中国的实践，而且涉及到中国特色社会主义道路、理论、制度、文化的不断发展，更涉及如何在世界上为众多的发展中国家提供中国方案。在此背景下，中国智库就更要关注全球话题，尤其是全球治理的话题。进入21世纪以来，全球从来没有像现在这样，如此关注全球化的进程。从2016年6月24日英国脱欧公投，到2016年11月美国总统大选，英美两国的举动引发了全世界的热议。习近平主席在2017年1月17日世界经济论坛上发表《共担时代责任 共促全球发展》的主题演讲后不到一周，新上任的美国总统特朗普就签署行政命令，正式宣布美国退出跨太平洋伙伴关系协定。2017年7月，国际货币基金组织（IMF）更新《世界经济展望报告》，将中国2017年和2018年的经济增长预期分别上调至6.7%和6.4%。摩根大通将中国经济全年增速预期由6.7%上调至6.8%，并表示对于中国经济硬着陆和金融风险的担忧较一年前大幅减弱。中国经济对全球的贡献，为中国发出自己的声音奠定了坚实的基础。我们欣喜地看到中国在"一带一路"、亚洲基础设施投资银行等话题方面已经取得了初步的成果，特别是"人类命运共同体"的提出获得了全世界的认同，"构建人类命运共同体"理念首次被写入联合国决议中。党的十九大报告明确指出，坚持和平发展道路，推动构建人类命运共同体。中国秉持"共商共建共享"的全球治理观，这种治理观念打破过去大国垄断治理的理念；倡导国际关系民主化，坚持国家不分大小、强弱、贫富，一律平等，有利于我国团结广大多数国家，支持联合国发挥积极作用，支持扩大发展中国家在国际事务中的代表性和发言权。

但是，我们希望中国特色新型智库在国内外舞台上发出更多的声音，引领国际的话语走向。比如，从国际经济与政治等发展趋势的预判而言，我国智库还缺乏相应的预判能力。众所周知，美国的兰德智库之所以出名，得益于它较早地预测了朝鲜战争，并且为美国国防部提供了相应的对策建议。而我国的智库在诸多国内外重大事件的预判上，则显得比较缺乏准确性，这里包括苏联的解体、2008年的全球金融危机、英国脱欧等情况。2017年上半年，网络上出现对我国国际政治与经济专家的质疑，尽管有些偏颇，但是也说明我国智库在这方面的确存在短板。

就国际传播能力而言，我国大多数的智库习惯于在国内进行传播，没有采用其他语言面向世界进行对外宣传的意识与习惯，只有少数智库具备了进行多语种国际传播的能力，以及极少部分智库建立了全球传播的渠道。目前，中国社会科学院正在全球范围内有选择性地逐步建设相关的合作研究基地，而这种探索仍然需要长期协作、磨合推进。

其次，我国智库在公共政策研究、功能发挥、管理水平等方面存在问题，主要包括但不仅仅限于如下方面：

第一，我国智库整体的公共政策研究能力有待提高。智库要在公共政策方面提出自己的独到见解，而不能成为相关政策的传声筒、翻译机，而我国智库在公共政策研究方面存在人云亦云的现象。比如，关于房地产政策研究，这是目前影响国计民生的重大问题，然而，我国智库在这方面并没有给决策部门提供足够的智力支持，导致不断推出房地产新政，房地产市场机制无法有效发挥,为未来我国的经济发展、社会稳定埋下了隐患。

第二,我国智库在功能发挥方面有待完善。比如,完善重大决策意见征集制度,涉及公共利益和人民群众切身利益的决策事项,要通过举行听证会、座谈会、论证会等多种形式,广泛听取智库的意见和建议,增强决策透明度和公众参与度。然而,就目前的整体情况来看,只有官方的智库有可能参与到相关咨政议政的工作中,对于大多数的社会智库、企业智库则缺乏反馈渠道,它们的发声机会相对较少。就连许多高校智库,也缺乏与决策部门的沟通机制,它们的研究成果也无法得到有效利用。

第三,我国智库的管理水平有待加强。智库不应当成为研究人员松散的联盟,绝不能是卖点子的营销公司,更不能办成咨询管理公司。中国智库需要加强内部管理,提升智库的管理能力,为此,我们重点提出如下几点建议:**制定智库的发展战略,包括智库的中长期规划与年度发展计划**。这既需要对智库未来发展的全盘谋划,也需要对当下重大政策的关注。智库要明确自己的发展定位,没有一家智库可以包揽全部公共政策的研究领域,而必须有所选择、有所侧重,突出自己的研究强项,培育相关领域的核心竞争力。我国智库切忌随波逐流,什么问题热,就追什么问题,往往为了吸引眼球,做了许多表面文章,却迷失了自己作为智库的核心实力所在。更可怕的是,一些智库研究人员,通过媒体的广泛传播,建立了自己的声望,进而对国内外政策不加选择地进行实时评论,这种万金油、智多星的做法,不仅对智库本身不负责任,而且也对我国智库发展的生态造成了严重的损害。久而久之,我国的智库忙于"短平快"的项目,智库研究人员必然人浮于事,处于浅层的发展状态,这与国家对智库的发展愿望是背道而驰的,与我国加快建设中国特色新型智库的目标只能是渐行渐远。**彰显专业特色**。智库的核心正如刘奇葆同志在高端智库建设专家座谈会上所指出的那样:"要树立问题导向,凝炼主攻方向,突出专业特色"。从某种意义上讲,智库的核心竞争力在于专业特色。按照体现中国特色、突出智库自身特点的要求,我国的智库更应当在专业化方面下功夫，形成专业特色的众多"点"，进而形成专业特色的"面"。智库要"多提供有创意、有个性、具有真知灼见、切实管用的对策建议"，也就是咨政建言上要有准心，有的放矢。**培育具有复合型能力、国际视野的智库人才**。智库，归根结底比拼的是智力水平，这不仅仅需要智库研究人员具备高学历，更需要智库人员具备广泛的社会阅历，具有复合型的能力乃至国际视野。因此，我们推进中国特色新型智库的建设，最重要的是培育一支综合素质高的智库队伍。这种智库人才的培育，绝不是在象牙塔内可以修炼出来的，它需要跨学科的知识背景、跨领域的实践经验、跨疆域的国际眼界。为此，我们要未雨绸缪，从长计议，鼓励我们的智库研究人员一专多能，强化与政策决策部门的对接、增强在实际部门的工作经验，提供更多的出国交流机会，让智库研究作为一个高大上的职业，吸引更多的有志之士投身其中。此外，我们认为，**智库必须凝聚一流人才**。一般而言，智库靠自身的首席专家获得声誉与影响力，这与我们通常熟知的"木桶理论"正好相反，首席专家的水平直接决定了智库自身水平。所以，要构建中国特色高端智库，就必须要"吸引一流人才，靠一流人才创造一流成果、打造一流品牌"。要实现凝聚一流人才的目标，我们的智库仍然需要在一流人才培养、成长、发展等环节上下功夫。

　　第四，我国智库的行政化倾向有所上升。建设中国特色新型智库，可谓仁者见仁、智者见智。对于中国目前在智库建设中存在的问题，有学者认为："新型智库的一个突出问题是行政化倾向比较严重，搞不好就会与政府主导型智库区别不大"。从现有的一些新型智库来看，大多是一些退休的"前官员"占据民间智库的领导岗位发挥余热。

　　我们认为，新型智库的行政化倾向，如果只是上述的表现则要一分为二地看待。从国际比较的经验来看，政府部门的官员到智库出任领导人或者反向任职，这种交叉任职被称为"旋转门现象"。美国是旋转门的集大成者，究其原因是美国的政治体制。每隔四年的总统大选后，大约有四千人面临转换工作，由此形成了政府行政官员与智库研究者的角色转换。这种大轮换使得政府与智库的关系更加密切，人际交往更加频繁，权力和智慧得到最有效的融合，这不仅仅提高了美国有关政府部门的决策力，增强了人员活力，而且也使得智库有的放矢，做好政策工具的储备与人员的培养。比如，在奥巴马政府任职的副国务卿詹姆斯·斯坦伯格，曾经是布鲁金斯学会成员，从1977年至今，五次穿越"旋转门"，是迄今为止穿过"旋转门"次数最多的人。

在我国推进改革的进程中，越来越多的官员进入国有企业，实现了角色转换。最近几年，不仅有更多的官员开始走进大学，同时也有从大学进入政府部门的情况。2013年12月，曾经有媒体统计14名省部级官员曾是大学校长或书记。当然，也有类似在山东出现的现象，8名高校落马官员多是由地方行政转岗到高校任职。

我们相信，随着中国新型智库建设进程的加快，越来越多的官员会加入到智库建设的队伍中来。例如，中国国际经济交流中心目前就聚集了一大批退休官员。最吸引眼球的是赵白鸽，在2014年9月2日卸任中国红十字会党组书记、常务副会长之后，便担任中国社会科学院蓝迪国际智库项目专家委员会主席职务，投入智库工作。

对于官员加入智库队伍，我们认为应当客观评价：其好处在于官员了解体制内的运作程序，知晓许多决策动向，可以指导智库及时跟进相关研究，避免智库的建议"平民化"，甚至落伍。更重要的一点，行政官员可以调动相关资源，弥补智库初创时的不足，尤其是人际网络，对于智库至关重要。

对于官员加入智库队伍，其弊端在于：可能会复制官僚本位体制，让新型智库套用已有的行政化管理体制，从而扼杀智库的创新机制，无法发挥专业研究人员的智慧。

因此，从这个角度而言，我们赞同在新型智库建设中鼓励"去行政化"，不仅仅是取消行政级别，更在于规范行政权力，实现政府官员到智库管理者的转型，督促权力恪尽职责、恪守边界，防止"官本位"倾向。从国内外成功智库的经验来看，政府官员在智库建设中的最重要功能在于找资金、拉关系、做宣传。而对于政策研究则放手让专业研究人员去做，激发他们参与咨政的热情，创造出更多切合实际的政策建议。总之，政府官员和专业研究人员,要各取所长,发挥各自不同的作用,形成智库的"两翼",只有这样,中国新型智库才能飞得更高、飞得更远。①

最后,关于我国智库的独立性问题。②

美国智库历来推崇独立性,甚至以独立性作为评价智库优劣的重要标准。然而,《纽约时报》在 2016 年 8 月发表了一系列文章,从多个方面质疑了美国智库的"独立性",再次引发了人们对智库"独立性"的思考。

关于智库独立性的内涵我们认为应该包括以下三个层面的内容。

1. 学术研究的独立性

智库学术研究的独立性体现在:智库能否不受利益影响,独立选择自己的研究议题;研究进程是否不受政府和其他外界因素的干预;对智库的捐赠者是否干预智库的学术研究;智库研究的结果是否必须与捐赠者的政策导向相一致;等等。

《纽约时报》一项关于智库的调查,指出美国智库独立性存在诸多问题。例如,被调查的 75 家智库中,不少研究人员拥有注册说客、大公司董事会成员等多重身份,这些角色与智库的研究具有明显利益关联;许多智库接受了大财团的捐助后却不公开资金的实际用途,智库本身透明度大打折扣;有些智库受经济和商业利益驱使,研究成果某种意义上沦为一种游说,而研究人员也变为隐形的说客;智库与外国政府捐款之间存在契约关系;等等。《纽约时报》公布调查结果后,一向以"高品质、独立性、影响力"为座右铭的布鲁金斯学会立刻发文反击,称自身可以独立选择研究内容,企业不能决定学者的研究主题、方向、方法和结论,好像智库与企业之间是两条平行线。但调查发现,许多信息并没有完全被披露。例如,布鲁金斯学会与上千家捐助机构之间保持着内部或机密的联系,其中不乏 JP 摩根、微软、日本日立公司等大型财团。这并不是

---

① 荆林波:《开好中国特色新型智库的"旋转门"》,2015 年 8 月 5 日,中国网(http://www.opinion.china.com.cn/opinion_57_134857.html)。

② 荆林波、杨敏:《美国智库"独立性"神话破灭后的启示》,内部研究报告,2016 年 8 月。

布鲁金斯学会的专利，在对外销售军事装备、国际贸易、高速公路管理系统和房地产开发等领域，美国智库经常沦为企业品牌和影响力推广的工具。

另外，研究显示，美国排名前十的智库都设有董事会，智库董事对智库的资金分配、研究议题确立、管理层和研究中心人事任免都拥有表决权，同时在争取资金和加强宣传方面也发挥着重大作用。大部分顶级智库中都存在董事在其他机构兼职的现象。同一个人在两个及以上公司董事会兼职产生的连锁被称为"董事连锁"，所涉及的董事被称为"连锁董事"。这些董事都是美国社会的"权力精英"。对某一家智库而言，可能会出现董事会成员同时参与两家以上智库或者企业的决策，这势必会在相关问题上有所倾向。董事连锁存在于企业与企业、企业与智库之间，董事又掌握着智库的核心竞争力和机构秘密，因此社会关系越丰富的董事，越有利于为智库争取来自企业共同体的资助，从而扩大智库的公众影响力。即便企业共同体没有直接注资到智库，但通过基金会捐赠以及连锁董事的参与，企业共同体也很容易在政策制定中受益，这种企业与智库之间的密切关联，很难让人相信美国智库的研究不受利益驱使，保持绝对独立。

2. 观点中立

观点是智库的重要产品，其独立性表现在不受任何党派的影响，也不做某一党派的宣传工具。

但我们必须承认，智库是经济社会发展下的产物，依托于各国不同的政治、经济、历史、文化背景，因此每个国家的智库都有自己鲜明的政治立场。例如，在美国，智库基于"思想市场"而发展，自身并不像所标榜的那样"立场中立"，而是有明确的倾向，捐赠者也往往按照立场向智库提供资金。例如，布鲁金斯学会比较倾向自由主义立场，而美国企业公共政策研究所比较倾向保守主义立场。那些接受大公司捐赠的智库，所提供的政策设计、观点也谈不上绝对中立，反而成了另一种形式的游说。

《纽约时报》在2016年8月7日刊登的文章《智库是怎样扩大美国

企业影响力的?》中指出，智库已经"沦为"企业扩大影响力链条中的一环，尽管为了彰显独立性，将自己标榜为"没有学生的大学"，但只要涉及资金获取，智库就开始模糊研究人员和说客之间的身份界限。

美国《国家》杂志曾报道，华盛顿现有注册说客 12281 人。另据分析人士说，实际上美国从事说客工作的人或多达 10 万，这一产业的年收入高达 90 亿美元。位于国会山和白宫之间的"华盛顿 K 街"更是云集了大批智库、游说团体、金融机构、公关公司、律师事务所、民间组织，被戏称为美国的"第四权力中心"。美国智库可以通过调查研究报告、研讨或者讲座、旅行考察、私人聚餐等形式向决策者提供观点，进行游说。而游说又往往与政治捐款有联系，以游说或者赚钱、博名声为目的而提出的观点，不仅偏离了"思想库"的本质轨道，其独立性也大打折扣。

3. 组织运营独立

根据智库的定义，智库应该作为一个独立的非政府组织，在遵守法律规定的前提下，独立于党派、独立于政治。要做到这一点，就必须摆脱智库对资金来源的依赖，寻求经济独立，即便是依托大学而建立的高校智库，也应该与大学保持"依而不靠"的独立自主关系。

保障经济独立的最直接有效方法是智库经费来源多元化、建立稳定的融资机制、资金使用情况透明化。但据《纽约时报》调查显示，许多顶级智库长期与各大捐赠者之间保持着秘密邮件往来。哈佛大学法学院教授约柴·本科勒也指出，美国有太多受企业资助的研究，有关方面提供这些资金时遮遮掩掩，偏要给人"独立研究"和"学术研究"的印象。

此外，在管理方面，智库应该坚持经营管理与科研工作相分离，最大限度地区分行政经费和科研经费，做到将主要经费投入到科研项目中。

增强智库独立性关键在于保障智库研究不受利益驱使，不偏离"思想库"的本质。具体可以从以下几个方面入手。

1. 建立稳定多样的融资机制

智库应该形成符合自身发展需要的多样化融资机制，以保持充足的经费。例如，可以建立社会捐赠、政府资助、市场化运作、个人捐赠、委托研究项目经费等多种筹资渠道并存的多样化融资机制，尽量减少对单一筹资渠道的依赖，减少个别捐赠者对研究进行干预的可能性。

融资渠道不仅要多样，更要稳定。这对智库领导者而言是一个不小的挑战。如何能寻找到乐于为智库投资，并且不干预智库研究的捐赠者，不仅关系到智库经营的可持续性，也关系到智库独立性、影响力等重要问题。与此同时，我们也应该意识到，只有智库先坚持并贯彻独立自主研究的原则，以此扩大自身影响力，才有可能吸引到更多的资金，从而更好地保持自身的独立性。二者一前一后，相辅相成。

2. 避免身份多重而科研不独立

智库研究人员应该尽量避免因身份多重而导致的利益重合问题。许多智库研究人员在进入智库之前或许担任过其他社会职务，进入智库之后依然担任其他社会兼职，因此如何避免因多重身份而导致的观点倾斜或立场不中立也是智库建设中不容忽视的问题之一。就这一点而言，限制智库研究人员担任的兼职身份数量和每个身份的任职时间或许可以避免这一问题。例如，哈佛大学规定，"旋转门"只能做两年，如果一个经济学教授去担任其他职务，做了两年必须回来，否则两年后教授的"饭碗"就没有了。

智库研究人员不应该利用个人兼职身份与捐赠者或其他利益相关方保持某种"契约关系"，或者刻意让科研成果或观点偏向利益相关方，失去智库观点和研究的独立性。

3. 不只做政策的"传声筒"

智库应该时刻保持自己独立思考的决心和能力。智库的目的不仅在于提供决策咨询平台，还包括为决策部门提供政策建议、向公众阐释相关政策内容、论证政策的合理性等。另外，智库还应该主动搭建政府和公众间意见沟通的桥梁，及时反映公众的声音，做社会的思考者，提出当前政策中存在的问题和不合理之处，而不是简单充当政策的"传声筒"。这也有利于增强智库的独立自主性。尤其在中国，扎根于民间的社会智库政府背景较弱，与民众之间的距离较近，更能很好地发挥这一作用。

在日益复杂的国内外环境下，智库研究不可能都做到百发百中。外部环境瞬息万变,因此,智库研究出现错误的可能性也会大大增加。从这个意义上讲,做公共政策的研究是一个"高风险"的工作。所以,我们需要给智库发展创造一个相对宽松的环境,让智库研究得以相对超脱,即使出现不同的判断,也可以理解。让包容纳谏成为我们共同的目标。综上所述,我们认为中国智库的前途是光明的,但是任重道远,需要砥砺前行,自我完善,不断提升,才能真正发挥出其应有的作用。

七 中国智库建设的经验总结

2013年12月,中国社会科学院就开始创立中国社会科学评价中心,当时的一个重要任务,就是希望开展全球智库比较研究,探索出一条中国特色新型智库的建设路径。我们不希望大家把关注点聚焦到排行榜上,而希望大家更多地关注智库建设的经验总结。

经过近两年的努力,我们在2015年11月发布了《全球智库评价报告(2015)》,创建了"全球智库综合评价AMI指标体系"。该报告提出的全球智库综合评价AMI指标体系注重评价指标的定性与定量相结合,从吸引力、管理力和影响力三方面做了分析,更加注重指标体系设计切合智库的工作流程。这三种力相互作用:影响力增大会反哺吸引力,而吸引力加大则会促使更多的高品质人才聚集到智库,提升管理水平。

之后,我们承接了全国哲学社会科学规划办公室委托的国家社会科学基金特别项目,完成了对国家高端智库综合评价指标体系的设计,同步开始启动对中国智库建设的研究,进一步构建了"中国智库综合评价AMI指标体系"。通过这些年对国内外智库的对比研究,我们认为,中国智库建设的主要经验可以概括为"四梁八柱"。

"四梁"是构筑新型智库的横向连接。

具体而言,四梁为:

第一,智库要有明确的定位。智库必须明确自己的定位,以研究哪类问题为核心。只有这样,才能彰显自己的核心竞争力。智库要有所为、有所不为,很少有智库是能包打天下、涉猎所有领域的。即使像中国社会科学院作为一家综合性的国家高端智库,在内部已经初步构建了以中国社会科学院综合性智库为统领,以研究所级智库为主体,以专业化智库为样本的院级、所级、专业化智库"三位一体"的智库建设格局,研究领域足够广泛,但是,在军事、教育等方面仍然没有过多涉及。反观我国目前不少在建的智库大包大揽,不仅纵览国内的诸多方面,而且对全球问题也似乎无所不能,这样的做法可能会适得其反,让外界无法了解其准确定位。

按照我们智库评价的 AMI 框架,智库的吸引力与智库的定位紧密相关,与其所处的环境紧密相关,与智库本身的人力、物力、财力要相适应。因此,智库在创建之时,首先要对市场进行细分,从中选出与自己资源禀赋相适应的目标市场,进而制定有效的定位,以区别于其他智库。对于资源禀赋相对充裕的智库而言,可以选择几个研究领域,叠加成综合性智库定位;对于资源优势相对集中的智库而言,可以选择某个专业领域,建设成为专业性智库。

第二,智库要加强过程管理。我们所说的智库过程管理,与我们智库评价的管理力一脉相承,即按照 7S 理论:战略(strategy)、组织(structure)、系统(system)、人员(staff)、风格(style)、价值观(shared value)和技术(skill)七个方面,提升智库的管理水平。其中,前三个属于智库的硬件建设,后四个属于智库的软件建设。我国智库建设中存在的一个较为普遍的问题是硬件不够硬、软件又太软,也就是智库的建设缺乏战略性的顶层设计、缺少必要的组织规划、缺失相关系统的建设,没有对智库的价值观、智库的文化、智库的研究技术开发进行更多的关注与投入。其结果只能是遍地开花,华而不实。对此,智库建设者要从长计议,精耕细作,绝不能将智库的管理与建设当作"短平快"的项目来对待。

第三,智库要重视绩效评价。智库的绩效评价,也就是智库的影响力评价。我们认为智库的影响力包括政策影响力、学术影响力、社会影响力和国际影响力。智库的政策影响力是一个智库的核心所在,一个智库对政策制定所起的影响作用大小,是该智库关键价值所在。而智库的学术影响力则是智库理论内功的表现，只有较为扎实的基础研究，才有可能提出靠谱的对策研究成果。智库的社会影响力集中体现在其成果的对外传播能力、人员与机构的对外曝光程度、智库的信息公开化程度等方面，归根结底是要看一个智库是否接地气。智库的国际影响力则体现为一个智库的国际交流状况和国际化程度，这是对一个智库的更高要求。

目前，我国智库绩效评价中面临三个突出问题。一是我国智库评价中多以领导批示代替政策影响力，导致智库纷纷上书进谏，希望更多得到领导批示，以至于出现了大量"短平快"的政策建议，而这些建议中有一些缺乏基础研究的支撑，经不起实践的检验，长此以往，将影响到我国智库的整体声誉。二是个别智库希望通过社会影响力来提高智库的整体影响力，因而，这些智库过度追求曝光度，急于扩大社会影响力，忙于办会议、请名家、炒热点问题，结果忘却了智库的核心职责。三是一些智库希望提高自己的国际影响力，纷纷走出国门，展开与国际高端智库的交流，而大多数的国际交流流于形式，走马观花、参观座谈，没有形成固定的、深度的合作，更没有推出有分量的合作成果。这种做法不仅是花钱多、产出少，而且会引起国际上的高端智库对我国智库建设的负面评价。

第四，智库要强化队伍建设。智库，归根结底是要靠人员的智力出成果，所以，智库人员的水平直接决定着其参政议政的水平。在我国，智库的人员队伍建设面临着两个关键问题。一是智库大牌专家供不应求。我国智库处于大干快上的阶段，在智库建设的热浪下，智库人才成为大家关注的焦点。而真正的大牌智库专家不是一日就能造就的，这需要长期积累、不断修炼，因此一些智库只能通过联合聘用的方式获取专家资源。这样一来，一方面，导致一些学者承担了名不副实的智库重任；另一方面，一些智库学者身兼数职，严重过载。二是我国缺乏一套有效的智库人才培育体系。我们的教育体系以培养基础研究人才为目标，而这些人员进入智库体系中，要实现基础研究向对策研究的转换，并非易事。对此，我们建议在我国的教育体系中增加相关的对策研究理论，增设有关智库的专业，加大对智库人才的培育力度，加强对智库从业人员的再培训。

"八柱"是智库建设的纵向支撑。

搭建好智库的"四梁"之后，还要筑牢"八柱"：

第一，领导重视。智库建设工作应作为"一把手"工程来抓。

第二，加强基础理论研究。这是智库安身立命的基础，没有基础研究，对策研究就是无源之水。

第三，做好基础研究向对策研究的转化工作。基础研究是偏向理论化的研究，而对策研究是偏向应用层面的，需要直白明了，要一针见血地指明问题，同时要直截了当地给出"药方"。

第四，要创建与维护好对策报告的上报通道。许多智库有了对策成果，苦于没有上报的通道，出现"货到地头死"，这是非常可惜的。尤其是，对于大多数地方智库而言，要与中央决策机构、相关部委建立起信息直报通道，是非常困难的。

第五，加强行政保障能力。行政保障能力涉及经费保证、科辅人员配备、财务报销便利性，数据库资源等。其中，财务的独立性与组织的独立性，是智库的分析独立性的前提与保证。智库应该形成符合自身发展需要的多样化融资机制，以保持充足的经费。例如，可以形成社会捐赠、政府资助、市场化运作、个人捐赠、委托研究项目经费等多种筹资渠道并存的多样化融资机制，尽量减少对单一筹资渠道的依赖，减少个别捐赠者对研究进行干预的可能性。

此外，目前，我国体制内的智库面临着众多财务报销的难题。许多智库鉴于现有的财务报销制度，限制了给在编人员提取专家费或者劳务费，所以，面临着拿到大量的研究经费，却无法核销，难以兑现研究人员劳动付出的现实问题。

第六，强化人员考核与激励制度。要处理好科研考核与智库考核的关系，基础研究关注的是发表学术论文、出版专著等，而对策研究关注的是获得领导批示、有关部门的采纳、参与有关政策咨询会议等，两者的考核体系不尽相同。如何在同一个机构内，平衡好对两类研究的考核，成为智库建设的一个核心问题。只有运用好考核这个指挥棒，才能充分调动各方面的积极性，激励科研人员参与到智库的建设中来。

而我国的许多智库内部，缺乏一套有效的评价机制，如何理顺对策研究与基础研究的关系，成为一个难题。我们都知道对策研究与基础研究相辅相成、相得益彰，但是，在具体的实践中，如何平衡两者的关系，如何让研究人员摆正两者的位置，如何让对策研究有的放矢、言之有据，如何让基础研究者心安理得、持之以恒，这些都需要配套的考核制度与激励制度加以保障。

第七，提升整合资源的能力。包括内部沟通、外部联系、媒体公关、筹措资金、国际化交往水平等。

第八，强化学习能力与创新精神。智库必须把握前沿问题，与时俱进，从某种程度上讲，智库应当是一个学习型组织。提高自身的学习能力，应用先进的分析方法，大胆创新，往往需要另辟蹊径，才能提出应对策略。

综上所述，智库所谓的"四梁"建设，首先需要一个清晰的定位；其次，智库要有一套完整的过程管理体系；再次，智库需要一个科学的绩效评价制度；最后，智库要靠训练有素的人员来完成相关任务。当然，在经过绩效考核之后，一家智库也可以根据自己的评价成绩，调整自己的定位，集中自己的资源，发挥自己的优势，规避自己的短板，最大限度地调动智库人员的积极性，凸显自己的核心竞争力。在"四梁"的建设同时，做好"八柱"的构建，即领导重视、强化基础理论研究、基础研究向对策研究的转化工作、创建与维护好对策报告的上报通道、加强行政保障能力、强化人员考核与激励制度、提升整合资源的能力、强化学习能力与创新精神。

八 有关智库评价的综述

对于中国智库的评价，目前正与智库建设一样，处在一个躁动的状态。

关于国外学者在智库评价方面的努力与探索，我们在《全球智库评价报告（2015）》①中做了详尽的分析。由詹姆斯·G. 麦甘（James G. McGann）领衔的美国宾夕法尼亚大学"智库与市民社会项目（TTCSP）"课题组（以下简称"TTCSP 课题组"）从 2006 年开始，探索全球智库的评价机制，并已逐步形成其特有的一套智库评价流程。②

麦甘的《全球智库报告》的智库评价指标体系如表 25 所示。

表 25　　　　　《全球智库报告》构建的智库评价指标体系

评价方面	具体特征
资源指标	吸引与保留领先学者和分析家的能力；财务支持水平、质量和稳定性；与政策制定者和其他政策精英的关系；人员从事严谨研究、提供及时和精辟分析的能力；机构的筹资能力；网络的质量和可靠性；在政策学术界的重点联系以及与媒体的关系。
效用指标	在该国媒体和政治精英中的声誉；媒体曝光与被引用数量和质量、网站的点击率、在立法和执法机构的证词数量；政府部门的简报、政府任命、购物咨询；图书的销售状况；研究报告的传播；在学术与大众出版物上的被引用情况；会议的参加情况；组织的研讨会。
产出指标	政策建议与创新理念的数量与质量；出版物（包括图书、期刊文章、政策简报等）的状况；新闻访谈情况；会议和研讨会的组织情况；人员被任命到顾问和政府部门的情况。
影响力指标	政策建议被决策者和社会组织的采纳情况；网络的聚焦状况；对政治团体、候选人和转型团队的顾问作用；获得的荣誉；在学术期刊、公共证词和媒体关注的政策辩论会上的成果；列表和网站的优势；挑战传统智慧的成功；政府运行和民选官员中的作用。

资料来源：根据相关资料改编。参见詹姆斯·G. 麦甘《2013 年全球智库报告》，上海社会科学院出版社 2014 年版，第 28—29 页。

---

① 荆林波等：《全球智库评价报告（2015）》，中国社会科学出版社 2016 年版。
② 同上。

根据介绍，TTCSP课题组在2011年度共向全球182个国家的6545家智库发出了参评邀请，并收到了120个国家的1500多位个人的提名回复，其后要求提名者按照30个类别分别推荐出各类别中排在前25名的智库，30个类别共收到25000项提名，被提名智库共计5329家，其中202家智库被提名为世界顶级智库。[①]

麦甘的《全球智库报告》开创了以"主观整体印象评价法"来进行智库评价的先河，并且以英文版本在全球传播了十年之久，必然成为大家研究拜读的智库报告。在肯定其做法的可取之处之外，我们必须认清，麦甘历年的《全球智库报告》存在以下六大问题：第一，评价方法欠缺客观性，有待进一步完善。第二，研究力量有待充实。第三，专家遴选机制有待规范化与透明化。第四，报告存在较多漏洞，难以令人信服，有许多值得商榷的地方。第五，工作态度不够严谨。第六，《全球智库报告》尚未取得全球范围的普遍认可，其新闻通稿的宣传内容存在不实之处。

综上所述，我们认为，《全球智库报告》目前还存在诸多问题，其权威性也受到多方的质疑。对此，国内很多媒体并没能做到全面而客观地报道，以致一些学者、研究机构和媒体在不明事实情况下，盲目跟风炒作。我们建议对此类研究报告必须慎重对待、严加甄别，不可过高评估其价值。尤其是一些智库为了在全球智库排行榜取得较好的排名，而盲目地跟随麦甘。我们仍需让更多人看清麦甘做法背后的利益驱动或利益交换。国际上，也早已有学者注意到《全球智库报告》在严谨性方面仍然存在较大问题，规范的学术评价标准尚有待进一步完善，而且必须增加更多的实地调研，才能对智库有更多的了解。

国内外在智库研究方面有代表性的研究者及其观点可概括如下。

安德鲁·里奇和肯特·威佛仔细分析了美国51家智库的知名度，发现被媒体报道数量多的机构比媒体形象一般的智库更有可能被召集到国

[①] 王继承：《麦甘"全球智库报告"排名机制及其影响》，《中国经济时报》2012年8月28日。

会，向国会陈述观点。① 安德鲁·里奇认为，媒体报道数量多的智库与政策制定者及其他意见领袖认为是最有影响的智库之间似乎存在某种关系。② 而唐纳德·E. 埃布尔森对比研究了美国和加拿大两国智库影响政策制定的机遇、制约因素和有利条件，分析了公众知名度和政策的相关性。③ 我们认为这些作者的研究是比较扎实而且严谨的。

我国学者在智库评价领域的研究也逐步发展。我们认为，清华大学的薛澜和朱旭峰较早地涉及此领域。他们的一篇代表作是《中国思想库的社会职能——以政策过程为中心的改革之路》④。薛澜在2014年发表了《智库热的冷思考：破解中国特色新型智库发展之路》⑤，较早地对"智库热"提出了自己的看法。他提出："在中国现阶段的发展过程中，智库具有三个主要职能，即理性决策外脑、多元政策参与渠道、决策冲突的理性辨析平台。智库社会职能的发挥有赖于完善的'政策分析市场'的建立。"他最后建议："加强政府内部公共政策的研究能力，增强对高质量政策研究的需求；减少政策研究禁区，增强社会脱敏能力，为政府调整政策提供更广阔的空间；推进数据信息公开，加强政策研究投入，提供公平的政策研究市场环境；深化改革，加快建设一批具有中国特色的一流智库。"

朱旭峰在智库研究领域的著作颇丰，尤其是他对中国思想库在政策过程中的影响力进行了实证分析⑥。尽管其中对智库的案例分析有待完

---

① Rich, Andrew, and R. Kent Weaver, "Think Tanks, the Media and the Policy Process," Paper presented at the 1997 annual meeting of the American Political Science Association, Washington, D. C., August 1997.

② Rich, Andrew, "Perceptions of Think Tanks in American Politics: A Survey of Congressional Staff and Journalists," *Burson - Marstellar Worldwide Report*, December 1997.

③ 唐纳德·E. 埃布尔森：《智库能发挥作用吗？》，上海社会科学院出版社第二版修订版，第89页。

④ 薛澜、朱旭峰：《中国思想库的社会职能——以政策过程为中心的改革之路》，《管理世界》2009年第4期。

⑤ 薛澜：《智库热的冷思考：破解中国特色智库发展之道》，《中国行政管理》2014年第5期。

⑥ 朱旭峰：《中国思想库政策过程中的影响力研究》，清华大学出版社2009年版。

善,但是,这并不影响他在此领域的学术地位。

中国人民大学的王莉丽也发表了许多智库相关的成果,如已出版的《智力资本——中国智库核心竞争力》《旋转门——美国思想库研究》《舆论学概论》《绿媒体——中国环保传播研究》《全球领导力》等多部著作。[①]

从目前国内的智库评价情况来看,主要有以下几项成果。

(一)上海社会科学院的《中国智库报告》

2014年1月22日,上海社会科学院智库研究中心发布了中国第一份《中国智库报告》,并公布了中国智库影响力排名,其排行榜分综合影响力排名、系统影响力排名和专业影响力排名三大类。该项目的评价方法基本上是参考麦甘的"主观整体印象评价法",对我国智库的评价主要考核了四个方面,具体参见表26。

表26　　　　　　　　　　中国智库影响力评价标准

评价方面	具体特征
智库成长与营销能力	智库成立时间与存续时期长短 智库的研究经费投入 留住顶级专家和研究者的能力 与国内外同类机构合作交流的渠道
决策(核心)影响力	智库研究成果荣获领导批示次数及层次 智库专家参与决策咨询的次数及层次 智库专家应邀给决策者授课的次数及层次 智库专家到政府部门中的任职比例以及智库人员曾在政府部门任职的人员比例("旋转门"机制)

---

① http://www.sohu.com/a/134481537_661660.

续表

评价方面	具体特征
学术（中心）影响力	智库人员在国内外核心期刊发表、转载的论文数量 智库人员应邀参加国内外学术会议的数量及层次 公开出版学术专著、会议论文集等出版物 公开出版连续型研究报告
公众（边缘）影响力	智库专家在媒体上发表成果或被媒体报道的频率 智库学者接受媒体采访的频率 智库网站建设，包括智库专家拥有博客、微博等自媒体的数量 智库研究对社会弱势群体政策需求的人文关怀

资料来源：参见上海社会科学院智库研究中心《2013年中国智库报告——影响力排名与政策建议》，上海社会科学院出版社2014年版。

2015年，上海社会科学院智库研究中心对智库评价的体系进行了修改，围绕中国智库的决策影响力、学术影响力、媒体影响力、公众影响力、国际影响力，以及智库的成长与营销能力设定评价标准，采用多轮主观评价方法，就中国活跃智库的综合影响力、分项影响力、系统内部的影响力和专业影响力等方面进行打分与排名，并在此基础上，总结归纳了中国最具影响力智库的主要特征。具体评价标准参见表27。

表27　　　　　　　　　中国智库影响力评价标准

评价方面	具体特征
决策影响力	智库研究成果荣获各级领导批示 智库专家参与决策咨询或给决策者授课的次数及层次 智库专家到政府部门中的任职比例以及智库人员曾在政府部门任职的人员比例（"旋转门"机制）
学术影响力	智库人员在国内外核心期刊发表、转载的论文数量 智库人员应邀参加国内外学术会议的数量及层次 公开出版学术专著、会议论文集和连续型研究报告等

续表

评价方面	具体特征
媒体影响力	智库对媒体舆论的引导能力 智库专家接受媒体采访、报道或在媒体上发表成果的频率 智库网站建设，包括智库专家拥有博客、微博等自媒体的数量
公众影响力	智库对公众意识的引导能力 智库研究对社会弱势群体政策需求的关注关怀与行动效果
国际影响力	国际知名度、国际声誉 与国外同类机构合作交流的频率 对国际重大事件的持续关注与分析能力
智库成长与营销能力	智库成立时间与存续有较长的历史时期 智库的研究经费投入 留住顶级专家和精英学者的能力

资料来源：参见上海社会科学院智库研究中心《2014年中国智库报告——影响力排名与政策建议》，上海社会科学院出版社2015年版。

上海社会科学院开创了我国智库评价的先河，最早推出了有关智库评价的报告，明确提出了自己的评价智库影响力的指标体系。

上海社会科学院对中国智库进行了分类分析，即把中国智库划分为党政军智库、社会科学院智库、高校智库和民间智库四大类，并且对它们各自的智库性质、组织形态、经费来源和研究方向等进行了对比分析。[①]

特别是，上海社会科学院根据中国智库分类演化与研究领域的特点，在2013年的报告中设计了三类排名，第一类是综合影响力排名，第二类是系统影响力排名，第三类是专业影响力排名。

2017年2月20日，上海社会科学院智库研究中心发布了《2016年中

---

① 上海社会科学院智库研究中心：《2013年中国智库报告——影响力排名与政策建议》，上海社会科学院出版社2014年版，第9页。

国智库报告》，这是自2014年起，该中心第四次在国内发布中国智库影响力排名。除了延续以往的综合影响力、分项影响力、系统影响力和专业影响力四项排名之外，2017年报告新增了重大国家政策（议题）影响力排名，从智库功能角度进行排名，并设置了新智库提名。凡入选综合影响力（前30名）、分项影响力、系统影响力、专业影响力、议题影响力排名的智库，共同组成中国2016年最具影响力的智库阵营。剔除重复智库后，共计105家智库组成了中国2016年最具影响力的智库阵营。

（二）零点国际发展研究院与中国网的《2014中国智库影响力报告》

2015年1月15日，零点国际发展研究院与中国网联合发布了《2014中国智库影响力报告》。根据该智库影响力分类，采用四类影响力指标：专业影响力、政府影响力、社会影响力和国际影响力。每类影响力设置3—5个客观指标，如表28所示。

表28　　　　　　　　　　中国智库影响力评价指标

评价指标	具体指标
专业影响力	智库研究人才的数量和国际化程度 智库主要研究人员在期刊上发表文章的数量 智库主要研究人员出版专著的数量 智库公开发行刊物的数量
政府影响力	智库为政府人员培训的数量和级别 智库承担政府委托项目的数量和级别 智库获得政府领导批示的数量和级别 智库参加政府部门座谈会的数量和级别
社会影响力	智库在互联网搜索引擎上的搜索量 国内主流媒体的对智库的报道量 智库及其主要负责人在新媒体上的粉丝量

续表

评价方面	具体特征
国际影响力	智库与国际机构合作的频次和方式
	与智库合作的国外智库的数量
	智库主要研究人员在国际论坛上发言的数量
	国外媒体对智库的报道量
	智库在国外设立分支机构的数量

资料来源：参见零点国际发展研究院与中国网《2014中国智库影响力报告》，2015年1月15日。

零点国际发展研究院与中国网期望建立一套完全由量化指标构成的评价体系，但这一体系的确立还需要多年的积累和试错。主观得分的比重将在以后逐年减小，直至去除。

每个二级指标在数据收集过程中可能会再根据实际情况分为更细化的指标，比如研究人才数量会再细分为国内研究人员和国外研究人员。

为了保证研究结果更加客观，零点国际发展研究院与中国网将上海社会科学院的排名作为一级指标，将排名处理为得分后，与他们通过客观指标加总的得分进行综合，得到智库的最终得分，即采用如下公式：

$$智库得分 = 客观指标得分 \times 70\% + 主观指数得分 \times 30\%$$

零点国际发展研究院与中国网的《2014中国智库影响力报告》，与上海社会科学院的评价体系相比，其运作模式有所创新，评价机构来自民间研究机构，以及与媒体合作研究是一个亮点，而且，他们也试图改进评价方法，创造出主观评价与客观评价相结合的评价方法，并尝试把上海社会科学院的评价结果作为来源数据。

与上海社会科学院的评价标准相比，零点国际发展研究院等制定的智库评价标准，在本土化方面，似乎没有明显的进展，这是令人遗憾的一点。还应该看到，他们没有给出相关智库的最后得分，也没有完全展示量化的过程，缺乏评价的透明度。尤应指出的是，他们尚未明确"智库"概念的内涵与外延,对智库评价的客观数据、评分等也尚未公开。我们曾与零点国际发展研究院的相关人员进行了交流,他们也认为,在数据采集方面,还存在较多问题,评价过程中联系的专家数量不够多,代表性也有待加强,此外,数据采集投入的人员和时间也不够。

(三)四川省社会科学院与中国科学院成都文献情报中心的《中华智库影响力报告》

从 2014 年开始,四川省社会科学院与中国科学院成都文献情报中心协同推出了《中华智库影响力报告》,具体而言,在 2016 年的报告中,他们做了如下努力:

第一,关注"变"。报告对我国智库的运行模式进行了归类,对智库运营管理的变化做了概括,展示了智库的七大运行模式和六个变化。

第二,关注"果"。在对智库进行综合排名、分项排名和分类排名的同时,提炼出 2015 年中国智库在空间、发展、结构、行为和传播方面的五个特征。

第三,关注"行"。报告通过分析 2015 年智库在热点议题和重大活动中的表现,挖掘智库的行为信息,在分析中得到了一些有意思的结论。比如,智库对议题的选择仍集中于国内,对国家安全、对外关系的讨论偏冷;我国智库合作的两大主流模式是"领袖式"和"媒体式"。

第四,在分析智库发展瓶颈的基础上提出智库改革的七点建议。

报告在赋权这个问题上,采用了层次分析法。为了让研究更具说服力和科学性,运用知识图谱分析法对热点议题和重大活动进行了讨论,同时 CiteSpace、Sci2 等工具较好地发挥了其分析功能。[1]

(四)其他的相关智库评价与研究

2016 年 9 月,南京大学中国智库研究与评价中心和光明日报智库研究与发布中心联合推出的"中国智库索引(CTTI)",为智库界利用大数

---

[1] 相关内容参见四川省社会科学院网站的介绍(http://www.sass.cn)。

据手段进行研究提供了重要支撑。

2017年1月7日,清华大学公共管理学院"中国智库大数据评价研究"课题组发布了《中国智库大数据报告(2016)》,应用大数据的评价方法来实现对微博、微信、手机App数据的全覆盖,进而实现对智库的日常行为活动进行客观评价,督促各智库加强大数据的开发与应用。

2017年10月12日,由推进"一带一路"建设工作领导小组办公室指导,国家信息中心"一带一路"大数据中心编著的《"一带一路"大数据报告(2017)》在京发布。这是国家信息中心继2016年首度发布《"一带一路"大数据报告(2016)》后再次推出运用大数据技术全面评估"一带一路"建设进展与成效的综合性年度报告,并重磅推出"一带一路"八大指数。其中,"一带一路"智库影响力指数,利用大数据技术和手段,评估智库对"一带一路"的研究情况及其社会影响,测评推出了国家级智库、地方性智库、社会智库和高校智库四大榜单,同时评选出了国内"一带一路"发声较多的30名专家,"一带一路"研究的著名智库和专家纷纷上榜。相关数据分析发现,"一带一路"相关的智库机构不断增多,新成立的机构有30多家,主要分布于北京、上海、广东、福建、陕西等地。智库研究内容由浅入深,成果形式多样,多数智库在积极做好"一带一路"决策支持工作外,采取论文、研究报告、专著、调研、专栏评论、研讨会、论坛以及接受采访等丰富多彩的形式展现其研究成果,逐渐形成"百家争鸣"的态势。[①]

在智库评价热潮中,国家统计局中国统计信息服务中心每个月都发布《智库动态》调研报告,引起各方关注。

2016年5月31日,项目组专门前往中国统计信息服务中心进行调研,中国统计信息服务中心大数据研究实验室暨舆情监测分析室相关人员介绍了统计中心的基本情况及大数据研究实验室的人员构成,并重点介绍了与国家行政学院发展战略与公共政策研究实验中心联合研制的

---

① 《〈"一带一路"大数据报告〉解密2017年中国"一带一路"领域最具影响力的智库以及专家排名》,2017年10月22日,国际在线(http://www.cri.cn/)。

《智库动态》（月度试刊）和"中国智库影响力指数月度榜单"。《智库动态》按半月度监测采集国家高端智库试点单位、国内外智库机构信息，主要板块有智库动态、部委政策聚焦、社情民意、研究广角、中国智库影响力月度指数和成果之窗等。

"中国智库影响力指数月度榜单"以首批国家高端智库建设试点单位的 25 家智库为研究样本，从咨政影响力、学术影响力、媒体影响力、公众影响力、国际影响力五个维度指标入手，由大数据研究实验室通过收集挖掘来自互联网信息（全网检索）的大数据技术，使用变异系数法对数据进行统计分析，形成指数评价报告。①

（五）关于智库评价的几点思考

智库评价，无论在国内还是国外都是新生事物，都处在艰辛探索阶段。上面评述的几种评价体系，是进一步探索的必要基础。根据上面的评述，可以得出以下结论。

首先，智库评价的本土化趋势应该得到延续。智库评价，国外同行先行一步，也取得了一些进展，因此，在这一领域中，认真学习、借鉴国外经验，是应该认真加强的一环。但是，智库作为一种社会存在，其运作机制、发挥作用的渠道、体现价值的方式，中外之间，差异很大，照搬、套用国外评价模式，只会对国内智库的健康发展带来消极影响。上海社会科学院在制定评价体系时，已经注意到了编制本土化倾向较浓的一些评价标准。这是一种积极的趋势，应该得到进一步的强化、优化、细化。当然，这方面，需要做的工作尚有很多，还须克服不少困难。

其次，应该进一步探索适合本土特点的"主观综合性评价体系"。目前已有的实践成果表明，"主观综合性评价体系"是智库评价的主要方法，这种方法在展示智库的社会影响力、公信力方面，确有其不可替代的作用。当然，也应多想办法，让"主观综合性评价体系"更加完善，

---

① 马冉：《关于〈智库动态〉的调研报告》，中国社会科学评价研究院内部报告，2017 年 5 月。

提高其可信度、可验证性，并增强其在社会上的指导性、引导力。

最后，积极研发智库评价体系的客观评价标准。智库评价体系，应该是主观与客观的有机结合。中国社会科学评价研究院在 2015 年 11 月发布的《全球智库评价报告（2015）》提出了一套全球智库综合评价 AMI 指标体系。报告发布以来，不仅该评价指标体系得到了国内外的广泛关注，而且根据该评价指标体系评选的全球智库百强排行榜也得到了同行认同，在全球智库评价领域首次发出了中国人的声音。

根据中宣部《国家高端智库管理办法（试行）》的要求，要加强对高端智库的绩效考核和综合评估，以质量创新、实际贡献和社会效益为主要标准，我们将携手相关机构与学者，进一步深化与完善智库评价指标体系。

（中国社会科学评价研究院　荆林波、胡薇）

分 报 告

- 综合性智库
- 专业性智库
- 企业智库
- 社会智库
- 中国社会科学院国家高端智库建设及经验分享

综合性智库分报告

中国社会科学评价研究院于2015年首次发布《全球智库评价报告（2015）》，我们认为，智库是通过自主的知识产品对公共政策的制定产生影响的组织。报告强调：首先，智库是一个组织，不是自然人。这是智库的组织要件，智库活动有别于个人行为；其次，智库必须有自主的知识产品。智库是专业化的知识制造者，需要具备专业知识技能的人员来开发创造新的思想产品；最后，智库要对公共政策的制定产生影响，这是智库的核心功能。实践中，智库是国家治理体系和治理能力的重要组成部分，具有治国理政、咨政启民、增强国家软实力的重要作用。服务决策是智库的基本职责，推进新型智库建设，重要的是围绕党和国家发展战略，不断提升咨政建言能力，以科学咨询支撑科学决策。

当前是我国全面建成小康社会的决胜阶段，也是实现升级发展的关键时期，我们面临着不同于以往的国内外环境，一方面仍然处于可以大有作为的战略机遇期，拥有较大的回旋余地；另一方面，世界经济复苏乏力、地缘政治和国际经贸格局变化使我国发展的外部环境更加趋于错综复杂。[1] 智库建设既是破解改革发展难题，提升国家治理科学化、民主化的需要，也是面向公共政策制定，降低决策风险和成本，提高决策咨询质量的重要体现。

一 调研的基本情况

本报告的研究对象为综合性智库，从机构的属性和历史定位不难看出，综合性智库工作平台更贴近决策层，有更加明显的体制优势。综合

---

[1] 李克强：《紧扣全面建成小康社会目标，科学编制我国"十三五"〈规划纲要〉》，2015年11月17日，新华网（http://news.xinhuanet.com/politics/2015-11/17/c_1117173998.htm）。

性智库的产生和发展，是党和政府探索执政规律、完善执政方略、提高执政科学化水平的重要智力支持和主力军。2017年9月1日，中国社会科学评价研究院举办召开"综合性智库建设与评价学术研讨会"，邀请了国内多个首批高端智库的专家代表，他们分别来自中国科学院、中国工程院、中共中央党校、中共中央编译局、军事科学院和中国科协等单位。专家代表结合近些年各自单位智库建设的发展现状、特色与成果、存在的问题与面临的困难，就智库研究与评价等方面畅所欲言，发表了很多有启发性的观点，提出了系列建设性的建议。在实地走访国家高端智库、进行座谈和深度交流的基础上，为研究和探索我国综合性智库建设与发展提供重要蓝本和前瞻性经验总结。

报告首先对综合性智库的"外部数据"进行筛选，主要参考了社会科学文献出版社出版的《中国智库名录》2015年版和2016年版所收录的智库名录；上海社会科学院编制的2016年和2017年《中国智库报告》主观问卷的"智库备选池"；四川省社会科学院、中国科学院成都文献情报中心联合组建的中华智库研究中心"智库影响力排行榜"项目组编制的2016年和2017年主观问卷的"智库评价列表"和南京大学中国智库研究与评价中心、光明日报智库研究与发布中心合作研发的"CTTI来源智库"。

基于以上四家智库研究机构对综合性智库的选取，通过进一步筛选和补充，构成综合性智库的"考察数据"293家机构。根据项目组制定的主要研究方法和评价指标体系，明晰综合性智库的收录范围，最终确定"样本智库"150家机构，主要由四个部分组成：

（1）首批国家高端智库的10家综合性智库。

（2）地方党校（行政学院），共54家，其中省级党校（行政学院）39家，副省级城市党校（行政学院）15家。

（3）地方社科院，共53家。其中省、自治区、直辖市社科院31家，副省级、省会城市社科院22家。

（4）地方政府智库，共33家。

二 我国综合性智库发展现状及主要成效

（一）我国综合性高端智库发展现状

党的十八大以来，党中央高度重视智库发展及其对国家治理体系和治理能力现代化的推动作用，对打造中国特色新型智库提出系列纲领性意见，中国特色新型智库建设蓬勃发展，成绩显著。为深入贯彻落实党的十八大和十八届三中、四中全会精神，加强中国特色新型智库建设，建立健全决策咨询制度，2015年1月20日，中共中央办公厅、国务院办公厅联合印发《关于加强中国特色新型智库建设的意见》，对智库建设的指导思想、基本原则和总体目标，对构建中国特色新型智库发展新格局，深化管理体制改革，对健全新型智库制度保障体系，加强组织领导等提出指导意见。

为进一步明确新型智库的建设示范效应，体现中央对大力发展新型智库的决心，2015年11月9日，中共中央总书记、国家主席、中央军委主席、中央全面深化改革领导小组组长习近平主持召开中央全面深化改革领导小组第十八次会议并发表重要讲话。会议审议通过了《国家高端智库建设试点工作方案》，强调指出，开展国家高端智库建设试点工作，要紧紧围绕"四个全面"战略布局，以服务党和政府决策为宗旨，以政策研究咨询为主攻方向，以完善组织形式和管理方式为重点，以改革创新为动力，优先选择若干基础条件较好、专业特色突出的机构进行试点，建设一批国家亟需、特色鲜明、制度创新、引领发展的高端智库。

加强高端智库试点工作的组织领导和统筹协调，规范决策研究、成果转化、考核评估、经费投入等工作，选好配强首席专家，建好专业研究团队，重点围绕国家重大战略需求，开展前瞻性、针对性、储备性政策研究，及时总结和推广试点经验。[①] 2015年12月1日，国家高端智库

[①] 习近平：《全面贯彻党的十八届五中全会精神 依靠改革为科学发展提供持续动力》，2015年11月9日，新华网（http://news.xinhuanet.com/politics/2015-11/09/c_1117085752.htm）。

建设试点工作启动会在北京举行，共有 25 家机构入选首批国家高端智库建设试点单位。首批入选的国家高端智库第一大类就是党中央、国务院、中央军委直属的综合性研究机构。这 10 家智库分别是：国务院发展研究中心、中国社会科学院、中国科学院、中国工程院、中央党校、国家行政学院、中央编译局、新华社、军事科学院和国防大学。这些试点单位包括党中央、国务院、中央军委直属的综合性研究机构，涵盖国家发展战略、国家治理、国家安全、公共政策、宏观经济等 20 多个重点研究领域。

自《国家高端智库建设试点工作方案》启动以来，首批综合性高端智库普遍结合自身实际情况有针对性地开展建设工作，注重新探索新成效新创造，在服务中央重大战略决策需求、提升智库成果决策影响、创新机制激发人才活力、加大平台建设整合资源、引导舆论和社会走向、开展公共外交等方面取得积极成效，试点工作取得良好开局。

1. 举旗定向，服务中央重大战略决策需求

国务院发展研究中心在开展国家高端智库建设方面密切对接中央决策需求，努力做到"实事求是、符合规律、适度超前"。一是承担中央交办研究任务不断增加。2011—2014 年共承担 69 项交办研究课题。2015 年承担了中央交办的 17 项研究课题，包括十项关于"十三五"规划的重大课题。二是承担党中央、国务院以及相关部委交办和委托的多项政策评估任务。2014—2016 年，中心共承担中央全面深化改革领导小组 10 项重大改革问题研究和 7 项专题评估任务，承担国务院交办的 10 项重要政策和重大决策事项第三方评估，为中央决策提供依据。

中国社会科学院作为综合性高端智库，与中国社科院国家金融与发展实验室、中国社会科学院国家全球战略智库一道进入首批国家高端智库建设试点。为此，院党组多次召开党组会研究落实，颁布并实施了《关于加强中国特色新型智库建设的若干意见》《中国特色新型智库建设先行试点方案》《关于中国特色新型智库管理办法》等文件及一系列制度规定，构筑起"院—所—专业"三级智库格局，大力推进三个层次的智库建设：一是全院作为综合集成的总体智库；二是各研究单位作为具有

学科优势的学科智库；三是院集中建设专业化智库。中国社会科学院已成立的多个专业化智库涵盖了马克思主义与意识形态研究类智库、经济金融研究类智库、社会文化发展研究类智库、国际问题研究类智库、边疆研究类智库五大类。① 分别是：

（1）马克思主义与意识形态研究类智库（4家）：马克思主义理论创新智库、当代中国马克思主义政治经济学创新智库、意识形态研究智库、习近平新时代中国特色社会主义思想研究中心。

（2）经济金融研究类智库（5家）：国家金融与发展实验室智库、财经战略研究院智库、京津冀协同发展智库、城乡发展一体化智库、生态文明研究智库。

（3）社会文化发展研究类智库（4家）：国家治理智库、中国廉政研究中心智库、中国文化研究中心智库、香港中国学术研究院。

（4）国际问题研究类智库（5家）：国家全球战略智库、世界经济与政治研究所智库、中国—中东欧国家智库交流与合作网络智库、中国—中东欧研究院、中俄战略协作高端合作智库。

（5）边疆研究类智库（3家）：新疆智库、西藏智库、中国海疆智库。

中国工程院把战略研究与国家大政方针结合起来，实现前瞻把握发展趋势，全局考虑影响因素，主动为国家重大决策提出远期、近期和应急的咨询方案，实现以科学咨询支撑科学决策、以科学决策推动科学发展，为国家现代化发展做出积极贡献，成为国家工程科技领域战略决策的重要依托力量。目前工程院拥有规范高效的成果报送渠道和交流发布平台，《院士建议》为经中办批准报送党中央、国务院领导的工程院简报。2010—2015年，工程院上报的咨询研究报告获得中央领导批示185次，其中时任总书记批示10次，时任总理批示30次，其他时任政治局常委批示36次，副总理、国务委员及其他国家领导人批示109次。②

---

① 《中国社会科学院国家高端智库建设实施方案（2016）》。
② 根据首批国家高端智库建设试点单位介绍材料整理。

中共中央编译局作为国家高端智库建设试点单位，在原有工作基础上积极开展决策咨询研究，主要着眼于马克思主义理论与当代实践、当代世界与社会主义新趋势、国家治理体系和治理能力现代化、全球治理与世界主要国家发展战略和海外中国研究等重点领域。①

军事科学院于 1958 年 3 月 15 日成立。中央军委明确军事科学院的基本职能是：军事科学院是中央军委直接领导下的军事科学研究机关，是全军军事科学研究中心，是计划协调全军军事科学研究工作的机构。军事科学院现编有科研指导部、政治部、院务部 3 个机关；军事战略研究部、作战理论和条令研究部、军队建设研究部、军事历史和百科研究部、外国军事研究部、军队政治工作研究中心 6 个研究单位。②

国防大学起源于 1927 年毛泽东同志在井冈山创建的军官教导队。1985 年 12 月，根据党中央、国务院和中央军委决定，由军事、政治、后勤学院合并成立。主要负责高级军事人才培养、军事理论创新、决策咨询研究、国防教育、对外军事交流五项职能。

2. 智库成果数量增多，决策影响显著增强

国务院发展研究中心不断提高政策研究与决策支持的水平，完成了一系列具有重要价值和重大影响的研究成果。"十二五"期间，发展研究中心平均每年报送各类调查研究报告 500 余份，对制定国家有关政策发挥了重要的决策咨询服务作用。

中国社会科学院发布的 2015 年创新工程重大智库成果有《2020：走向全面小康社会——"十三五"规划研究报告》《中国基本经济制度——基于量化分析的视角》《中国国家资产负债表：2015 杠杆调整与风险管理》《健全城乡发展一体化体制机制——新型城镇化研究报告》《中国城市竞争力报告（No. 13）》《2016 年中国经济形势分析与预测》《2016 年世界经济形势分析与预测》《2016 年中国社会形势分析与预测》《中国反

---

① 根据首批国家高端智库建设试点单位介绍材料整理。
② 关于中国人民解放军军事科学院概况，（http://www.ams.ac.cn/portal/security/indexmain！kycg.action？groupid = 91695004 – e896 – 466a – ae4a – e29d37ae63b8&channelCode = jkgk）。

腐倡廉建设报告（No.5）》《中国民族地区经济社会调查报告》《中国梦与浙江实践》、"全球智库评价指标体系"和《全球智库评价报告（2015）》等。①

在内部研究报告方面，中国社会科学院依托《要报》等成果平台，围绕中央决策急需的重大课题，聚焦"四个全面"战略布局，着眼经济社会发展中的重点难点问题，在经济发展新常态、地方债务治理、自贸区金融改革、京津冀地区协同发展、全国一盘棋均衡发展、依法治国的理论与实践、社会治理改革创新、人口战略调整等方面，提供了综合性、全局性、针对性的决策咨询服务；紧跟国际国内形势变化和热点问题，在气候变化谈判、全球治理、"一带一路"倡议实施、上海合作组织扩员与发展、中亚安全与新疆稳定、中巴经济走廊建设等方面，开展前瞻性、储备性政策研究，充分发挥了"国家队"的综合优势。其中的重要成果有《保持平常心　把握分寸感　增强穿透力》、《京津冀协同发展系列报告》（3篇）、《日本国内形势及中日关系研究》（2篇）、《建设中巴经济走廊研究》（5篇）、《土耳其政局形势及中土关系研究》（3篇）等。

中国科学院围绕科技促进发展和促进科技发展，提出了一批对国家宏观政策产生重大影响的科学思想、咨询建议和研究报告。20世纪五六十年代，中科院参与"两弹"决策，提出人造卫星建议，为我国突破西方国家的技术封锁、实现维护国家安全、促进国民经济发展的关键核心技术和装备的突破做出了突出贡献。参与制定十二年科学技术发展远景规划，提出《科技十四条》，建议设立面向全国的自然科学基金，向党中央和国务院报送《迎接知识经济时代，建设国家创新体系》。发布《创新促进发展，科技引领未来》《创新2050：科学技术与中国的未来》和《科技发展新态势与面向2020年的战略选择》等战略研究报告，为我国前瞻谋划和布局前沿科技领域与方向提供了科学依据和基础。高质量完成了对国家政策措施实施情况开展第三方评估的任务，为党和政府科学

---

① 刘奕湛：《中国社会科学院发布2015年度创新工程智库研究重大成果》，2015年12月28日，新华网（http：//news.xinhuanet.com/tech/2015-12/28/c_1117605043.htm）。

民主依法决策提供了重要支撑。近年来，各学部围绕西部开发、国家安全、可持续发展、学科发展战略、科学教育、人口老龄化等开展咨询，形成一系列咨询报告，为国家制定相关政策提供了重要参考依据。

中国工程院成立20年来，作为国家重要的咨询性学术机构，在开展战略研究和咨询服务方面，取得了丰硕成果。钱正英院士主持的"水资源系列战略咨询研究"、侯祥麟院士91岁高龄时仍不辞辛劳牵头的"中国可持续发展油气资源战略研究"、王淀佐院士主持的"中国可持续发展矿产资源战略研究"、张彦仲院士主持的"建设节约型社会战略研究"、徐匡迪院士主持的"我国城市化发展研究"等一系列关系国家和产业发展战略全局的重大咨询研究，成为决策层制定相关政策的重要参考依据。许多政策建议得到及时采纳，不少战略思想经过碰撞、辩论和循环往复的再认识之后已经成普遍共识，为推动资源节约型和环境友好型社会建设、生态文明水平提高、实体经济健康发展、中国特色城镇化建设等提供了重要支持。[①]

中共中央党校是培训党的中高级领导干部和马克思主义理论干部的最高学府，是党中央直属的重要部门，是学习、研究、宣传马列主义、毛泽东思想和中国特色社会主义理论体系的重要阵地和干部加强党性锻炼的熔炉，是党的哲学社会科学研究机构。中央党校办有《学习时报》《理论动态》《中国党政干部论坛》《中共中央党校学报》等报刊，《思想理论内参》和《研究报告》两个内刊已成为决策咨询品牌。[②]

国家行政学院的定位和职能是培养厅局级及以上的干部。国家行政学院建立了教学培训、科学研究、决策咨询"三位一体"、紧密结合、相互促进的有效运行模式，形成了国家行政学院鲜明的办学模式和智库特色。从2009年开始，行政学院平均每年有将近100份的决策文件直接报

---

① 《中科院与工程院国家科技智库建设纪实》，中国工程院（http://www.cae.cn/cae/html/main/col689/2014 - 06/10/20140610081821573722101_1.html）。

② 根据首批国家高端智库建设试点单位介绍材料整理。

送至国务院，报送至总理、分管副总理等。① 在当前经济下行态势下，国务院启动了"第三方评估"工作。国家行政学院派出了六大教研部门的50多位专家参与了评估工作。国家行政学院作为独立的一方来评价政策的制定，对于政策的落实与推进都产生了重大的影响。

中共中央编译局有多个规范化制度化的成果转化平台，为适应智库研究成果的报送要求，编译局加强和改进了内刊工作，主办《中央编译局要报》《中共中央编译局工作专报》《编译参阅》《中共中央编译局海外舆情专报》等内刊，为党和政府决策提供广泛依据。② 将智库研究任务合理分解，从年初开始便纳入督办台账，重点领域迅速展开研究，围绕全局智库建设的主要目标，着眼于马克思主义理论建设和当代实践中的重大战略问题，推出高质量的研究成果。

新华社国家高端智库研究领域主要集中在六个方面：国情与战略研究、世界问题研究、经济研究、舆情研究、公共政策研究、传播战略研究。据统计，党的十八大以来，开展全局性战略性重大问题调研200多组，高质量完成中央领导"点题调研"，提交专项调研报告200多期。

军事科学院主要围绕国防和军队建设、军事斗争实践等重大战略问题提供决策咨询服务和军事理论支持，研究领域覆盖国家安全和军事战略、信息化联合作战训练、国防和军队建设改革发展、军事历史和百科、外国军事、军队政治工作、军事法规编修、国家边海防等多个方面。成果转化方面主要以发行《中国军事科学》《战略研究》《军事学术》《国防》《军事历史》《外国军事学术》等9种学术期刊，加强构建中国特色现代军事理论体系研究。

3. 智库人才队伍建设加速，人才活力充分

国务院发展研究中心目前共有研究人员200余名，其中博士以上学历研究人员123名，具有高级专业技术职称研究人员145名，享受政府特殊

---

① 张林、杨尧：《国家行政学院直通国务院的"政治智库"——智库巡礼国家行政学院，揭开智库的"神秘面纱"》，2015年4月7日，中国网（http://www.china.com.cn/opinion/think/2015-04/07/content_35253477.htm）。

② 根据首批国家高端智库建设试点单位介绍材料整理。

津贴研究人员 30 名。

中国社会科学院 目前全院在编在职人员 4000 人，含科研业务人员 3240 余人，其中高级专业人员约 1850 人，中级专业人员 1000 余人。2006 年社科院恢复建立学部制度，现有学部委员 58 人，荣誉学部委员 99 人。

中国科学院 聚集了一支高水平的科技创新和科技战略研究队伍，包括 700 余位院士，300 位"973"计划项目首席科学家，1000 余位国家杰出青年科学基金获得者，140 多个国家自然科学基金创新团体，通过"千人计划"引进海外高层次人才 400 余人，900 余人在重要国际科技组织、学术期刊担任重要职务。建立"科技智库特聘研究员"制度。①

中国工程院 是中国工程科学技术界的最高荣誉性、咨询性学术机构，由院士组成。中国工程院现有院士 852 名，分布于 9 个学部，学科专业基本涵盖工程科技各个主要领域。其中 53 个一级学科的覆盖率为 100%，289 个二级学科的覆盖率为 78.8%，交叉学科和新兴学科也有一定的覆盖面，在制造业、能源、海洋、生态文明、战略性新兴产业、工程科技中长期发展战略等若干重要研究领域建立起一支具有较高水平的咨询研究队伍。②

中共中央党校 目前拥有马克思主义哲学、科学社会主义与国际共产主义运动、中共党史（含党的学说与党的建设）3 个国家重点学科；有 3 个博士学位授权一级学科、4 个博士后流动站；现有教职工 1100 多人，其中专职教师 360 人，具有正高职称的 159 人、副高职称的 110 人，博士生导师 148 人，硕士生导师 164 人。③

中央党校高端智库建设把突破点定在破除束缚智库发展的体制机制障碍上。一是建立健全高端智库人才建设与使用的体制机制。按照"小机构、大网络"的智库人才构成规律，筹备建立中央党校高端智库专家

---

① 根据首批国家高端智库建设试点单位介绍材料整理。
② 同上。
③ 《中共中央党校概况》，2012 年 5 月 3 日，中央党校网（http://www.ccps.gov.cn/ccps_overview/201207/t20120720_18914.html）。

库。二是建立健全智库工作激励机制。打破原有职务职称体系,通过实施绩效制度,把智库人员的薪酬与绩效挂钩,根据智库创新工程的工作量、担负岗位的重要程度以及工作业绩等,配置智力报偿经费。三是建立和完善符合党校智库运行特点的经费管理使用机制。创新预算理念,认真贯彻落实《国家高端智库专项经费管理办法(试行)》,提高资金使用效率。①

国家行政学院是培训公务员特别是中高级公务员的新型学府和培养高层次管理人才、政策研究人才的重要基地,发挥着公务员教育培训主渠道的作用。学院也是为中央提供决策咨询服务、开展科学研究特别是公共行政等领域理论研究的重要机构,发挥着公共行政理论和政府管理创新研究、政府决策咨询思想库作用。②学院现有教职工500余人,高级职称人员167人,专职教师103人;有中央联系的高级专家3名,"百千万人才工程"国家级人选7人、有突出贡献的中青年专家4人、享受政府特殊津贴的专家39人、博士生导师27名。学院聘请兼职教授310余人,还聘请28名国外政府高级官员和资深专家担任名誉教授或客座教授。③

中共中央编译局作为党中央直属的理论工作机构,承担着马克思主义经典著作翻译、中央文献对外翻译、马克思主义基本理论和重大现实问题研究、马克思主义文献资源建设等方面的重要职责。全局在编人员325人,拥有正高级职称专业人员62人,副高级职称专业人员74人,享受国务院特殊津贴专家8位,入选新世纪"百千万人才工程"国家级专家3位,全国宣传文化系统"四个一批"人才4位,"万人计划"哲学社会科学领军人才3位,中央直接联系高级专家3位。

---

① 何毅亭:《努力打造国内一流国际知名高端智库》,《光明日报》2015年12月16日第15版。
② 张林、杨尧:《国家行政学院直通国务院的"政治智库"——智库巡礼国家行政学院,揭开智库的"神秘面纱"》,2015年4月7日,中国网(http://www.china.com.cn/opinion/think/2015-04/07/content_35253477.htm)。
③ 根据首批国家高端智库建设试点单位介绍材料整理。

新华社是中国国家通讯社和世界性通讯社，是首批国家高端智库试点单位中唯一的媒体机构。现有在职人员 10600 多人，其中硕士研究生学历以上 1800 多人，高级职称 2500 多人，享受国务院政府特殊津贴 36 人，全国新闻出版行业领军人才 26 人。①

4. 整合机构资源，建设创新工程，打造智库高地

国务院发展研究中心实施"政策研究与决策支持创新工程"，扎实推进研究提质计划、人才创优计划、国际拓展计划、保障升级计划，把发展研究中心建设成为高质量服务中央决策的高端智库。②

中国科学院按照习近平总书记提出的"四个率先"的要求，正在组织实施"率先行动"计划，在率先建成国家高水平科技智库方面，目标是：到 2020 年建成高水平科技智库的研究系统和管理平台，不断推出创新思想，形成系列产出和学术品牌，对我国经济社会发展重大问题提出科学前瞻的建设性建议，在国家科技规划、科学政策、科技决策等方面发挥权威性影响，成为国家倚重、社会信任、特色鲜明、国际知名的科技智库。③ 2016 年 1 月，中国科学院正式组建事业法人机构"中国科学院科技战略咨询研究院"，作为开展国家高端智库建设试点工作的一项战略举措。战略咨询院有三个定位：一是发挥国家科学技术方面核心咨询机构作用的研究和支撑作用；二是凝聚整合全院相关优势力量形成的智库型创新研究院；三是"率先建成国家高水平科技智库"的重要载体和综合集成平台。④

中国工程院围绕国民经济建设中的重大工程科技决策问题，特别是行业发展中的重大工程科技问题，组织开展国家科技规划和科技专项以及战略性新兴产业培育、重点行业产业发展的战略研究，提出科学论证

---

① 根据首批国家高端智库建设试点单位介绍材料整理。
② 李伟：《以改革创新为动力　深入推进国家高端智库建设》，2015 年 12 月 3 日，光明网（http://news.gmw.cn/2015-12/03/content_17951194.htm）。
③ 白春礼：《发挥科研机构优势，建设高端科技智库》，《光明日报》2015 年 1 月 29 日第 2 版。
④ 《中科院战略咨询院第一届理事会第一次会议召开》，中科院要闻（http://www.cas.cn/yw/201606/t20160620_4565433.shtml）。

和解决方案，支持政府科学决策。应对突发性重大事件，及时组织开展相应对策咨询研究，向国家或有关部门提出具有可操作性的政策建议，在国家相关政策的制定中起到了关键作用。

在国家高端智库建设试点工作中，中国工程院专门制定了有关方案，基本思路是：以实施"战略咨询、服务决策、创新驱动、引领发展"的方针，以队伍建设为核心，以完善组织形式和管理方式为重点，以改革创新为动力，围绕四个"更加"（更加注重发挥院士队伍的群体智慧，更加注重发挥"强核心、大协作、开放式"的模式，更加注重发挥信息技术的优势，更加注重树立国际眼光和开放思维），努力建设"创新引领、国家倚重、社会信任、国际知名"的国家高端科技智库。到2020年，通过"夯实基础、完善机制、提升质量"，建成国内工程科技领域权威咨询研究机构，再用10年时间，通过"扩大影响、面向世界、开放合作"，建成世界一流水平的国际知名工程科技智库。①

中共中央党校于2015年4月正式印发《中央党校关于实施教学与智库建设创新工程的意见》，大力度推进智库建设。实施教学和智库建设创新工程，是中央党校适应党的十八大以来党校事业发展需要，顺应中央对党校期望和学员对党校期待，以教学和智库建设为突破口，进一步提高整体办学水平的重要举措，也是贯彻落实全国党校工作会议特别是习近平总书记重要讲话精神的重要抓手。中央党校教学和智库建设创新工程的总体目标是：经过3到5年努力，使党的理论教育和党性教育明显上一个大的台阶，更好满足培训轮训党的高中级干部和理论骨干的需要；使中央党校智库建设和研究能力实现大的突破，更好为中央科学决策服务，更好为党的理论建设和理论创新服务，把中央党校建成特色鲜明、影响力突出的新型高端智库。

国家行政学院为加强高端智库建设，成立了由主要领导为组长的高端智库建设领导小组，统筹领导试点工作。发挥学术委员会作用，加强

---

① 周济：《发挥好国家高端科技智库功能　为建设世界科技强国建功立业》，2016年6月20日，新华网（http://news.xinhuanet.com/politics/2016-06/20/c_1119078632.htm）。

对智库研究工作的指导，同时完善智库首席专家制度。各研究中心根据承担研究项目设首席专家，统领项目团队形成合力，建设综合性、开放式和网络型的智库研究交流平台。

中共中央编译局根据国家高端智库试点工作会议精神，制定《中央编译局国家高端智库建设试点工作方案》《〈国家高端智库管理办法（试行）〉实施细则（试行）》及《〈国家高端智库经费管理办法（试行）〉实施细则（试行）》等配套文件，确定了重点研究领域以及各领域的重点研究方向，聘任了重点研究领域首席专家及各重点研究方向负责人，下发了智库建设2016年度课题指南，组织开展项目申报和评审工作，同时积极认领国家高端智库理事会下达的研究课题。①

国防大学于2015年7月9日成立了首个国家安全战略智库——"中国国家安全问题研究中心"。党中央高度重视国家安全，先后设立了国家安全委员会、提出总体国家安全观、制定《国家安全战略纲要》、颁布《国家安全法》，国家安全研究的意义和地位日益凸显。为更好发挥全军最高军事学府的决策咨询作用，国防大学统筹军内外资源，成立了我军首个"中国国家安全问题研究中心"。② 中心各项工作主要包括：进一步强化校内外国家安全资源的整合，推动相关跨学科研究；集中力量对重大现实安全问题进行攻关，包括形成《中国国家安全年度报告》；定期以高端论坛的形式举行年会，并根据需要不定期召开专题小型研讨会等。

5. 关注社会热点，注重引导舆论解读大政方针

国务院发展研究中心注重做好重大政策及经济社会发展热点问题的准确解读，定期发布研究观点，回应社会关切。围绕"经济发展新常态"等重大问题开展7次专题解读，2015年前10个月，在主流媒体发表政策解读文章560余篇。

新华社总部设在北京，在全国除台湾以外的各省区市均设有分社，

---

① 《中央编译局召开国家高端智库建设试点第二次工作会议》，《光明日报》2016年3月23日。

② 《解放军首个国家安全战略智库揭牌成立》，2015年7月10日，新华网（http://news.xinhuanet.com/mil/2015-07/10/c_128004663.htm）。

在台湾派有驻点记者，在一些重点大中城市设有支社或记者站，在中国人民解放军、中国人民武装警察部队设有分支机构，在境外设有 180 个分支机构。建立了覆盖全球的新闻信息采集网络，形成了多语种、多媒体、多渠道、多层次、多功能的新闻发布体系，每天 24 小时不间断用中文、英文、法文、俄文、西班牙文、阿拉伯文、葡萄牙文和日文 8 种文字，向世界各类用户提供文字、图片、图表、音频、视频等各种新闻和信息产品。[1]

6. 注重实效，积极开展公共外交

国务院发展研究中心着力打造构建高层次、宽领域和多渠道的国际交流合作体系，发挥智库作为国家软实力的特殊作用。发展研究中心承担国际发展知识中心的筹建任务，代表中国政府加入经合组织发展中心，在海外成功举办两届"丝路国际论坛"，发起成立"丝路国际智库网络"。新确立和继续执行的国家层面重大多边双边合作机制达 14 项，其中包括与英国国际发展部、查塔姆学会、法国国家战略和预测总署、新加坡发展部、印度国家转型委员会、越共中央经济部等机构的合作机制。

中国社会科学院对外签订了 140 多项学术交流协议，同海外研究机构、学术团体、高等院校、智库、基金会及政府部门建立广泛的合作关系，遍及世界 100 多个国家和地区，目前年均交流总量已逾千批，近 3000 人次。[2]

国家行政学院作为国际行政院校联合会副主席单位，已与 87 个国家（地区）的 172 个机构、18 个国际和多边组织、8 个跨国公司、基金会和非政府组织建立友好合作关系，与欧盟、上海合作组织等国际机构成员国开展长期合作，国外公务员培训班学员来自 145 个国家。[3]

新华社重视加强对外交流合作，发起并成功承办世界媒体峰会和主席团会议，主办世界媒体峰会首届全球新闻奖评选。与 18 家联合国所属

---

[1] 根据首批国家高端智库建设试点单位介绍材料整理。
[2] 同上。
[3] 同上。

机构建立高层往来关系，与其中9家签订战略合作备忘录，成为全球第一家与联合国所属机构建立系列化、机制化、常态化合作关系的世界主流媒体机构。新华社是许多国际新闻组织成员，与世界100多个国家和地区的通讯社或新闻机构签署了新闻交换、人员交流和技术合作等方面的合作协议。全面加强国际传播能力建设，不断提升国际报道和对外报道水平，积极抢占海外新媒体和主要社交媒体平台，打造"网上通讯社"，讲述中国故事，传播中国声音，阐释中国特色，充分发挥对外宣传主力军和主阵地作用，维护国家利益，服务外交大局。

军事科学院在国际合作方面主要以举办香山论坛和"孙子兵法国际研讨会"为重要平台，与国际知名智库建立合作伙伴关系，开展联合研究、学术互访等活动。[①]

（二）各地政府出台新型智库实施意见，强化战略布局，发挥区域优势培养智库高端人才团队

（1）**河北省委**办公厅、省政府办公厅印发《关于加强河北新型智库建设的意见》，对全省加强河北新型智库建设、建立健全决策咨询制度进行了顶层设计，明确提出"塑造省社科院的智库品牌"，要求河北省社科院"从整体上发挥智库核心载体和主体平台功能，成为进入国家重点建设的50—100家新型智库行列的在省内外有影响力的河北中心智库"。[②]

（2）**江苏省委**办公厅、省政府办公厅印发《关于加强江苏新型智库建设的实施意见》。研究制定《江苏省新型智库管理办法》，建立健全智库发展内部治理机制、行业内监督机制、第三方评估与认证机制。积极打造面向全国的新型智库研究与评价中心，开发技术先进的智库管理信息系统平台，构建基于客观数据的科学的智库评价机制与评价体系，引

[①] 根据首批国家高端智库建设试点单位介绍材料整理。

[②] 《河北省委办公厅省政府办公厅印发意见 加强河北新型智库建设》，2015年12月3日，中国保定网（http://wap.bd.gov.cn/wap-content-402-88189.html）。

领新型智库建设科学化、规范化、系统化发展。①

(3) **湖南省委**办公厅、省政府办公厅印发《关于加强湖南新型智库建设的实施意见》。根据中央要求和湖南实际，确立一批省级重点智库。本着从严掌握、逐步发展的原则，将湖南省社会科学院、湖南省政府发展研究中心、湖南省委党校（湖南行政学院）、国防科技大学、中南大学、湖南大学、湖南师范大学确立为首批7个省级重点智库。进一步加强成果交流转化平台建设，开办湖南省智库论坛，开设湖南智库网，编辑《决策参考——湖南智库成果专报》，发挥《湖南工作》在智库建设中的作用。

建立健全重大政策评估制度。认真落实《湖南省全面深化改革第三方评估办法》《湖南省人民政府重大决策实施效果评估办法（试行）》，除涉密及法律法规另有规定外，重大改革方案、重大政策措施、重大工程项目等决策出台前，都要进行可行性论证和社会稳定、环境、经济等方面的风险评估。不断完善成果购买制度，凡属智库提供的战略研究、咨询报告、政策方案、规划设计、调研数据、智库内参等，均可纳入政府采购范围和政府购买服务指导性目录，同时积极推进成果走向市场，鼓励社会购买智库成果。②

(4) **北京市政府**召开常务会议，研究了加强首都新型智库建设的实施意见和首都高端智库试点单位建设管理办法，强调建设首都新型高端智库，第一位的要求就是坚持党的领导，牢牢把握正确的政治方向，立足我国国情和首都实际，建设党和政府真正的思想库、智囊团。各区各部门要求强化问题导向，支持智库做"真学问"，聚焦首都改革发展重大问题，主动给智库出题目、交任务，为智库建设创造条件、做好服务。智库学者要求做"实学问"，转变作风，深入实践、深入基层、深入群

---

① 《关于加强江苏新型智库建设的实施意见》，2015年11月6日，中国江苏网（http://jsnews2.jschina.com.cn/system/2015/11/06/026890709.shtml）。

② 《中共湖南省委办公厅湖南省人民政府办公厅印发〈关于加强湖南新型智库建设的实施意见〉的通知》，2015年10月9日，中国湖南网（http://www.hunan.gov.cn/2015xxgk/fz/zfwj/swszfbgtwj/201510/t20151009_1891737.html）。

众,了解真实情况,针对实践中存在的突出问题分析原因、找准症结、寻求对策,为建设国际一流的和谐宜居之都提供决策参考。要建好机制,持续、稳定支持首都高端智库建设,促进智库基础性研究资源、信息和成果共享,构建科学合理的用户评价和激励制度,用好研究成果,提高科学决策水平,更好发挥智库作用。①

(5) **广东省委**宣传部为贯彻落实《关于加强广东省新型智库建设的实施意见》精神,组织了省重点培育智库申报工作。全省共有84家智库提交了申报材料,经资格审查共有46家符合申报条件。经组织专家评审,并经部务会议讨论,最后产生15家省重点培育智库候选单位,分别是:粤港澳大湾区研究院、广东省省情调查研究中心、环保部华南环境科学研究所、广东亚太创新经济研究院、地方治理与公共政策研究中心(中山大学)、中山大学自贸区综合研究院、广东省社会治理研究中心(华南理工大学)、华南理工大学政府绩效评价中心、国家农业制度与发展研究院(华南农业大学)、广东党的建设研究院(华南师范大学)、广东制造业大数据创新研究中心(广东工业大学)、广东国际战略研究院(广东外语外贸大学)、华南商业智库(广东财经大学)、华南创新金融研究院(广东金融学院)、深圳大学文化产业研究院。

广东省委进一步强调,省重点智库要坚持高起点谋划、高水平建设,始终坚持正确政治方向和学术导向,牢固树立政治意识、问题意识、质量意识、阵地意识,紧紧围绕事关全国和广东改革发展稳定的重大理论问题、重大现实问题、重大实践经验开展战略性、前瞻性、创新性研究。②

(6) 河南、云南、山东、贵州、天津、江西、安徽等地围绕国家重大战略需求,结合地方区域研究特点,开展前瞻性政策研究,制定省级重点智库管理办法,选好首席智库专家,组建专业研究团队,整合资源

---

① 《陈吉宁主持研究加强首都新型智库建设等事项》,2017年8月30日,新华网(http://www.bj.xinhuanet.com/bjzw/2017-08/30/c_1121568180.htm)。
② 《广东省重点智库建设工作座谈会召开》,2017年10月2日,人民网(http://gd.people.com.cn/n2/2017/1002/c123932-30800734.html)。

保障高效运行，形成各自优势。

（三）地方社科院系统结合自身特色优势，积极组建智库联盟，稳步提升决策咨询影响

（1）北京市社科院智库发展与实践的定位，就是决策咨询研究以侧重于有理论支撑的中长期战略性规划和基础性问题咨询，以及党委政府政策研究部门不能完成的重大应急问题咨询。[①] 一是以习近平总书记重要讲话精神为指导，以首都"四个中心"为战略定位，以服务北京市委、市政府决策为宗旨，以基础理论研究为依托，以应用对策研究为重点，以首都经济社会发展中的重大理论和现实问题为主攻方向，致力于建设具有首都特色、首都风格、首都气派的社会主义新智库，为首都经济、政治、文化、社会、生态等各项事业提供智力支持。二是总体目标是计划到2020年重点建成3至5个政府倚重、权威性强、具有首都战略决策能力和国内外一定知名度的首都高端智库。近期目标是拟建成三个智库团队：京津冀协同发展研究中心、城市治理能力评估研究中心和首都城市战略定位发展研究中心。同时继续加大对中关村创新发展研究中心、知识产权研究中心、首都安全稳定研究中心的投入。三是拓展服务决策渠道，拟创办《决策参考·北京智库成果专报》；拓宽信息平台，开办"北京智库网"和"首都智库微信"平台；强化品牌，办好首都智库高端论坛，出版《首都智库》，进一步办好《北京社会科学》《城市问题》《看一眼》《北京社会科学之窗》。四是出台《北京市社会科学院高端智库成果评价方法》《北京市社会科学院高端智库建设项目评价管理办法》《北京市社会科学院高端智库专家库人才入库及管理办法》《北京市社会科学院高端智库建设岗位考核管理办法》等制度，并不断调整完善。

（2）广东社科院启动《广东省社会科学院建设国家高端新型智库发展战略规划（2016—2020）》的编制工作，制定"广东省社会科学院建设国家高端新型智库发展战略规划（2016—2020）"，提出广东社科院未来

---

① 《北京市社科院新型智库建设的探索与实践》，《经济师》2017年第3期。

建设国家高端新型智库的发展目标、发展思路、主要抓手和机制保障。具体为：构建广东智库与媒体协同创新战略联盟；与全媒体机构合作组建新型研究机构，探索智库升级新路径；开展适应全媒体传播模式的新传播话语体系研究；加强"全媒体宣传链"等渠道建设；抓好数据库建设，建立一个地方性、专业化的数据库，对接"小机构"和"大网络"，做好与国内外知名智库的接口工作，切实推进"社科院+互联网"的发展。

（3）**湖北社科院**以中央和湖北省委关于智库建设的文件精神为指导，总结多年科研考核的实践经验，在自身智库建设的标准方面，提出"五个力"的检验标准，即科研生产力、智库竞争力、社会影响力、人才成长力和管理执行力。[①] 一是紧紧围绕"五个湖北"建设的发展布局和"建成支点、走在前列"的目标，集中优势科研力量开展战略研究。二是培植智库品牌，重点加强湖北发展战略研究院建设。五年累计完成调研报告341项，向湖北省委、省政府呈报决策咨询建议501篇。向中办、国办、全国政协办共呈报决策咨询建议181篇。研究成果获省领导批示265次，获中央领导批示24次。被省内刊采用305篇，被中办、国办内刊采用27篇。

（4）**江苏社科院**长期以区域经济社会改革发展稳定的重要理论和实践问题为主攻方向，以江苏省首批重点高端智库区域现代化研究院建设为抓手，立足江苏、面向全国，积极服务于经济社会政策的前期预研、中期制定评估与后期完善提高。[②] 一是江苏社科院先后成立泰州、连云港、南通、镇江、盐城、无锡分院，加强省社科院和地方的联系，保证了政策咨询接地气。二是不断推进江苏经济形势研讨会、书记省长圈定重点课题、院长应急课题、江苏发展高层论坛、现代智库论坛及《决策咨询专报》等综合性决策咨询平台和"江苏转型升级研究基地""江苏省金融创新与发展研究基地"等研究基地建设。三是逐步形成以一个省级

[①] 根据第二十届全国社会科学院院长联席会暨智库论坛发言整理。
[②] 同上。

重点高端智库、一个省级重大研究工程"江苏文脉研究"为龙头,若干学科片智库和第三方评估中心为骨干的院内专业智库体系。

(5) **山东社科院**提出努力建设国内一流新型智库的目标,制定具体目标,打造建设"四个中心"和四个特色智库。① 一是坚持以创新工程重大支撑项目为引领,强化精品导向,学术影响不断扩大,决策咨询能力不断提高,2016年全年成果数量约800篇,精品成果达到175项,精品成果数量和精品率比2015年有较大幅度增长。2016年以来共有51项成果获得省部级以上领导肯定性批示,其中2项成果获得中央政治局委员肯定性批示。出版专著《新型智库建设理论与实践》。二是不断加强区域经济、海洋经济、人口学等优长学科,巩固儒家哲学、山东区域史等传统特色学科,促进马克思主义哲学、社会主义民主政治等优势学科创新,加大对财政金融、城市发展等新兴交叉学科的扶持和培育力度,使之成为新的科研增长点。三是不断加强平台载体建设,通过做大做强山东智库联盟,举办高层次学术会议,社会影响不断扩大。

(6) **四川社科院**在智库建设中强调围绕国家发展的重大问题,开展深度研究。② 一是在承担城市生态环境可持续发展、农业发展方式转变、流域经济与政区经济协同发展、城乡要素平等交换等一系列重大课题基础上,提出高质量的对策建议。如对南水北调西线工程进行的持续调研论证引起了中央重视,西线工程因此暂停;撰写《成渝经济区发展思路研究报告》,为国家制定《成渝经济区区域规划》提供了理论支持。二是近年来四川省社会科学院每年发布《中华智库影响力报告》和《中国区域创新指数报告》,得到了学界和智库界的广泛关注。2017年年初,《天府智库》获得国家工商行政管理总局商标局核发的商标注册证。三是在激发智库团队的创新活力方面,四川省社会科学院通过定期举办中印、中韩、川台农业合作论坛等重大学术会议,鼓励学术争鸣,活跃学术思想,为智库创造了良好的氛围。

---

① 第二十届全国社会科学院院长联席会暨智库论坛发言整理。
② 同上。

（7）**福建社科院**积极探索实践，加强改革创新，建设新型智库取得积极成效。[①] 一是加强研究阐释，承担福建省中国特色社会主义理论体系研究中心2017年重大委托项目"习近平关于传承和弘扬中华优秀传统文化重要思想研究"。二是突出研究重点，做好中央马克思主义理论研究和建设工程重大项目、国家社科基金特别委托项目"福建省精准扶贫精准脱贫实践研究"课题工作。落实福建省委常委、宣传部部长高翔在政协提案"关于加强闽江流域历史文化资源的挖掘与整合的建议"上的批示精神，加强福建历史文化特别是朱子文化、妈祖文化、闽南文化、客家文化及文化产业等研究。三是服务决策咨询。自2016年以来，共计15份研究报告得到省级以上领导批示，其中《应采取"差异化策略"促进东南亚国家积极参与"一带一路"建设》获中央领导批示，80余篇政策建议被国务院侨办《侨务简报》《专报信息》和省"两办"《八闽快讯专报件》《政讯专报》等刊物采用。四是举办高端智库论坛，加强交流合作。主办"哲学社会科学创新工程与高端智库建设暨华东六省一市社科院院长论坛"，联合主办第八届、第九届海峡论坛暨两岸智库论坛。2016年全院组织专家学者出国（境）学术交流9批11人次，接待国（境）外专家、学者5批42人次。五是加大平台建设，新设成立"马克思主义文艺理论与批评研究中心""福建红色文化研究中心""福建社会科学院舆情研究中心"，与省委宣传部联合组建"福建省舆情研究中心"，更好地开展具有福建地域特色的重大问题研究。

（8）**贵州社科院**提出全省上下围绕大扶贫、大数据两大战略精准发力，加快建设成为在西南地区有贵州特色的新型智库。贵州省社科院科研成果和新型智库建设成效显著，主要体现在加强基础研究、重视服务地方发展的对策研究、积极建设学术平台和打造学术品牌这几个方面。贵州省社科院国家社科基金重大项目《建设社会主义民主法制体系、维护民族大团结研究》立项，实现了该院国家社科基金重大项目立项"零"突破。2015年度，共立项4项省领导指示圈示重大课题、9项重点课题和

---

① 根据第二十届全国社会科学院院长联席会暨智库论坛发言整理。

29项一般课题。课题阶段性成果以"社科内参"等形式，及时快速送省领导阅示。其中，《贵州精准扶贫问题研究》的阶段性成果《扶贫开发的"贵州模式"问题及对策》获得省委书记的肯定性批示。

（9）**湖南社科院**把建好全省性智库平台作为智库建设的重要责任，努力完成好所承担的七项全省智库平台建设任务。① 分别为：做好社科研究单位对口服务联系点的工作；编发好《决策参考·湖南智库成果专报》；建设好"湖南智库网"和"湖湘智库微信"平台；组织好"省社科基金课题智库专项"的申报与研究；筹备好"湖湘智库论坛"；编印好智库优秀成果集《湖湘智库》；成立智库成果评审委员会，规范湖南智库成果的评价标准。出版发行了《智库学概论》一书。2016年全年共立项国家及省部级基金课题66项，其中省社科基金重大课题5项，重点课题21项；出版专著40余部，其中权威和百佳出版社出版的专著8部；产生学术论文、研究报告400余篇，其中在《求是》《人民日报》《光明日报》《经济日报》《马克思主义研究》等权威报刊及CSSCI期刊发表论文82篇，研究报告获省级以上党政领导肯定性批示25次，其中国务院副总理批示1次，省部委主要负责人批示3次；获得进入省委省政府级应用决策成果3项。

（10）**上海社会科学院**从2014年开始正式启动创新工程，首批共设立18个创新型智库团队。智库研究中心组队申报的"中国特色新型智库研究团队"进入首批创新型智库团队。2015年上海社会科学院成为首批公布的全国25家高端智库建设试点单位中唯一的地方社科院。

（11）各省社科院彼此间广泛开展双方和三方以上的深度合作与交流，共同搭建智库联盟平台。由黑龙江、吉林、辽宁、内蒙古、新疆、西藏、甘肃、广西、云南沿边九省区社科院共同组成了"中国沿边省区新型智库战略联盟"；广东、山东等社科院率先牵头成立了智库联盟；北京、天津、河北社科院联合成立"京津冀一体化联合智库"等。

---

① 根据第二十届全国社会科学院院长联席会暨智库论坛发言整理。

（四）智库评价方法及入选名单

（1）此次"中国智库综合评价 AMI 指标体系研究"项目暂不将 25 家首批国家高端智库建设试点单位纳入到评价榜单中。经过实地走访座谈和电话、邮件调研，项目组对涉及机构的智库关于自身定位和发展方面、目标和取得成效等方面有了比较清晰的认识和了解。

（2）本次 150 家"样本智库"由四个部分组成：首批国家高端智库建设试点单位的 10 家综合性智库；地方党校（行政学院）共 54 家，其中省级党校（行政学院）39 家，副省级城市党校（行政学院）15 家；地方社科院共 53 家，其中省、自治区、直辖市社科院 31 家（含上海社会科学院），副省级城市社科院 22 家；地方政府智库共 33 家。

（3）在考察"样本智库"的基础上，项目组取消了对首批国家高端智库的专家评议，最终保留了 139 家作为此次项目的"参评智库"。其中地方党校（行政学院）54 家，其中省级党校（行政学院）39 家，副省级城市党校（行政学院）15 家；地方社科院 52 家，其中省、自治区、直辖市社科院 30 家，副省级城市社科院 22 家；地方政府智库 33 家。

（4）在评价过程中，项目组依托于自行研创的"中国智库综合评价 AMI 指标体系"，采用客观和主观相结合的评价方法，坚持定性与定量相结合的评价原则，主要参考《中国智库综合评价调研问卷（2017 年版）》和《中国智库综合评价专家评价问卷（2017 年版）》的相关填报、评议结果，并结合智库座谈会议、调研访谈和信息采集过程中获得的相关资料。

在 AMI 指标体系中，在综合各项指标的基础上，综合性智库的评价会更加倾向于对智库"声誉吸引力、人才吸引力""组织、系统、人员的管理力""政策影响力、学术影响力、社会影响力"等二级指标的考察。

（5）入选名单所列的综合性智库是在每一类参评智库中 AMI 总分排在前列的，表现最为突出的特定数量的智库机构，排名不分先后，本次评选总计有 40 家综合性"入选智库"。

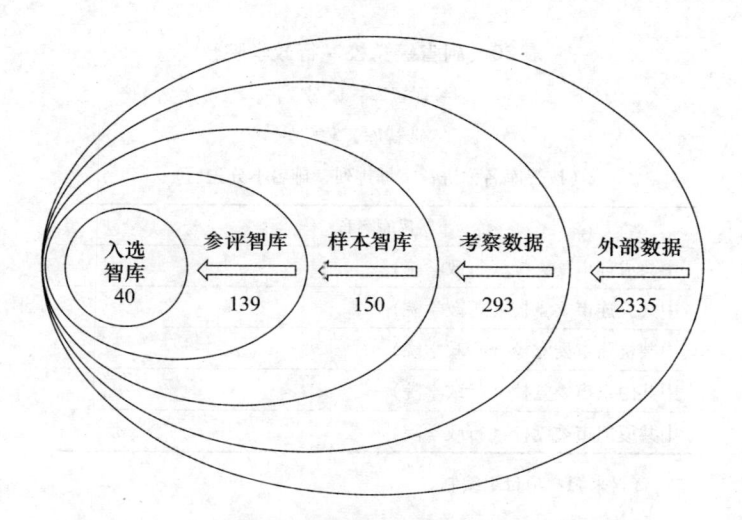

```
     入选      参评智库   样本智库   考察数据   外部数据
     智库
      40        139       150       293       2335
```

图 3　综合性智库评价数据遴选圈层图

资料来源：项目组绘制。

表 29　省级党校（行政学院）

参评智库：39 家

入选智库：10 家

（按智库名称拼音字母排列，排名不分先后）

智库名称
中共北京市委党校（行政学院）
中共重庆市委党校（行政学院）
中共广东省委党校（行政学院）
中共河南省委党校（行政学院）
中共湖南省委党校（行政学院）
中共江苏省委党校（行政学院）
中共山东省委党校
中共上海市委党校（行政学院）
中共四川省委党校（行政学院）
中共浙江省委党校（行政学院）

资料来源：项目组编制。

表 30　副省级党校（行政学院）

参评智库：15 家

入选智库：5 家

（按智库名称拼音字母排列，排名不分先后）

智库名称
中共成都市委党校（行政学院）
中共大连市委党校（行政学院）
中共杭州市委党校（行政学院）
中共南京市委党校（行政学院）
中共厦门市委党校（行政学院）

资料来源：项目组编制。

表 31　地方社科院（省、自治区、直辖市）

参评智库：30 家

入选智库：10 家

（按智库名称拼音字母排列，排名不分先后）

智库名称
北京市社会科学院
重庆市社会科学院
福建省社会科学院
广东省社会科学院
湖北省社会科学院
湖南省社会科学院
江苏省社会科学院
山东省社会科学院
四川省社会科学院
浙江省社会科学院

资料来源：项目组编制。

表 32　地方社科院（副省级、省会城市）

参评智库：22 家

入选智库：5 家

（按智库名称拼音字母排列，排名不分先后）

智库名称
成都市社会科学院
杭州市社会科学院
深圳市社会科学院
武汉市社会科学院
郑州市社会科学院

资料来源：项目组编制。

表 33　地方政府智库

参评智库：33 家

入选智库：10 家

（按智库名称拼音字母排列，排名不分先后）

智库名称
北京市经济信息中心
重庆市人民政府发展研究中心
福建省人民政府发展研究中心
广东省人民政府发展研究中心
湖南省人民政府发展研究中心
宁波市人民政府发展研究中心
上海国际问题研究院
上海市人民政府发展研究中心
深圳市人民政府发展研究中心
浙江省人民政府发展研究中心

资料来源：项目组编制。

三 中国综合性智库发展面临的主要问题与挑战

（一）体制机制改革滞后于新型智库发展要求，改革亟待加强

目前我国各类政策研究机构，约90%是体制内的，主要设立在各级党政部门、社科院、党校、行政学院、高校、军队、科技系统和企业。体制内智库要建设成为专业化的现代高端智库，必须依照智库发展的特点和规律，加大智库管理体制机制改革的力度。当前国内智库体制机制改革主要存在的问题包括：在人才引进、流动、激励等方面普遍约束过多，重固定资产采购轻人才智力价值投入，经费管理制度不适应智库劳动方式，行政管理中与智库工作活动需要脱节，优质智库资源需要进一步健全配置流动机制以保障党和政府当前重大决策等。

（二）依然存在照搬、套用或横向移植西方智库评价标准和运作模式

当前我国综合性智库无论从国家财政投入还是人员队伍规模都处于绝对主导地位，智库建设需要借鉴世界各国智库成功的经验，建设一大批能够反映中国国情、凝练中国风格、形成中国模式的特色新型智库。我国智库的发展路径、宗旨定位和体系建设，与西方国家智库明显不同。智库运行的独立性特征必须以坚持党管为首要原则，体制内的智库目前依然是新型智库建设和发挥咨政作用的主体，社会智库运行管理的灵活性、人才使用的弹性和易流动性，发挥了很好的补充作用。目前国外流行的一些智库排行榜，大多是反映西方大国的价值观、西方智库的话语体系和评价标准，对此，我们要时刻保持高度警惕，需要调动审慎明辨的自觉性去掌握和分析，去伪存真、以我为主、为我所用。如果盲目陷入西方的话语困境，中国特色新型智库建设将会停滞不前。新型智库建设要在政治话语、学术话语、社会话语方面紧扣中国特色，生产思想新品。

（三）岗位绩效管理与智库成果激励存在错位现象，制约明显

我国综合性智库的主体构成为党政军智库及社科院系统智库，现阶段很大一部分的此类智库仍实施行政化的管理体制，智库研究人员若参照公务员身份管理，就势必在预算决算、经费支出以及绩效考核等方面导致明显错位。智库成果的政策影响力考核一方面要根据批示的情况重点参考，同时获取的时效性在现行体制下仍无法完全保证。科研机构智库成果的产出激励如何与学术论文产出的绩效进行衔接对应，满足科研机构专业技术人员的综合评价，尚需摸索一套科学的评价方法。

（四）人才队伍结构成分单一，与新型智库发展目标依然存在较大差距

由于历史原因，目前从事智库工作与研究的学者大都由哲学社会科学研究的学者与一线教师组成，这在综合性智库中占据较大比重。部分智库学者缺乏实际经验，缺少立足于深度调查之后而发声的力度，有的也欠缺解决实际问题的综合能力。高层次研究队伍比较缺乏，首席专家其管理型岗位尚未从行政管理岗位体系中分离出来，智库与决策单位之间的双向人才流动机制缺少常态化制度性支持。由此需要制定国家长期计划，培育一批高质量的智库研究团队，鼓励智库学者能够广泛地深入实践了解世情、国情、政情和民情。当务之急是要为我国培养符合智库研究和发展需要的一大批新型智库学者和专业化的智库管理者。

四 推进与完善中国综合性智库建设的对策建议

（一）强化政治责任，深入推进党建高端智库的建设发展

2016 年 3 月 23 日全国党建研究会第六次会员代表大会在京召开。中共中央总书记、国家主席、中央军委主席习近平做出重要指示，希望全国党建研究会坚持正确政治方向，发挥党建高端智库作用，发扬成绩，发挥优势，围绕协调推进"五位一体"总体布局和"四个全面"战略布

局，深入研究党建理论和实际问题，深入总结全面从严治党实践经验，为构建中国化的马克思主义党建理论体系，为加强和改善党的领导、确保党始终成为中国特色社会主义事业的坚强领导核心做出新的更大的贡献。

党建高端智库，主要是研究中国共产党的建设，涉及思想、组织、作风、制度、反腐倡廉等方面，政治性、思想性、专业性较强。党的十八大以来，以习近平为总书记的党中央立足全面从严治党的新实践，提出了一系列新思想新观点新论断，具有鲜明的时代特征。近年来，我国综合性智库中，包括各级党政部门、社科院、党校行政学院、军队、科研院所等，都不同程度发挥了党建智库的作用。但是，在党建智库建设方面，与形势任务不相适应的情况还比较突出，根据中央文件要求，必须下大力气切实推进中国特色党建智库建设。

建设党建高端智库，一是各级党委政府必须不折不扣地把思想统一到党中央的部署精神上来，高度重视并积极抓好党建智库建设工作；二是准确把握研究方向，坚持以服务党的建设为宗旨，以提高研究能力和决策咨询水平为重点，加强在党报党刊上的宣传引导，充分发挥党建智库的作用；三是把培养和使用党建研究人才和培养优秀后备党建人才结合起来，造就一批立场坚定、品德优良、热爱党建研究、学术精湛的研究人才，选拔好一批首席专家和学术带头人，打造一支党建研究人才队伍。

（二）发挥政治引领和精神激励，实施国家智库荣誉表彰制度

中共中央政治局 2015 年 12 月 14 日召开会议，审议通过《关于建立健全党和国家功勋荣誉表彰制度的意见》。会议认为，党和国家功勋荣誉表彰制度是国家激励奖赏的一种制度性安排。一个人为党、国家和人民做出了功勋，具有崇高的精神风范，就应该给予很高的荣誉，得到全党全社会尊重。建立健全党和国家功勋荣誉表彰制度，对培育和弘扬社会主义核心价值观、增强中国特色社会主义事业凝聚力和感召力都具有重要意义。两办《意见》对党和国家功勋荣誉表彰制度做了整体设计，强调在实施过程中要严格标准,坚持宁缺毋滥,确保经得起实践、人民、历史检验。十二届全国人大常委会第十八次会议 2015 年 12 月 27 日表决通过了国家勋章和国家荣誉称号法。该法规定,国家勋章和国家荣誉称号为国家最高荣誉,国家设立国家功勋簿,记载国家勋章和国家荣誉称号获得者及其功绩。

"国家功勋荣誉表彰制度"作为我国人才激励机制和奖励制度体系的重要组成部分,党和国家一直都高度重视它的创立和建设。自新中国成立以来,根据社会主义建设事业不同发展时期的需要,我国相继制定颁发了一系列有关国家功勋荣誉表彰制度方面的法规。功勋荣誉制度不同于行政和管理层面的奖励、评优和评比,也不同于职衔、学衔或晋级,它是一个社会统治阶级意志的表现,是国家制度的组成部分,具有很强的政治性。比如"两弹一星功勋奖章",该奖章对于弘扬在特殊历史时期做出特殊贡献的科技工作者和科学家的顽强拼搏精神具有非凡的意义。2017 年,在金砖国家领导人厦门会晤召开前和举行期间,黄茂兴教授等中心研究人员积极为厦门会晤建言献策。因此,全国经济综合竞争力研究中心福建师范大学分中心在厦门会晤筹备和服务保障工作中集体和个人受到福建省委省政府表彰,体现了对智库服务地方经济社会发展的肯定。

如今,国家高端智库建设需要一大批默默无闻而又心怀天下的高水平智库研究员去支撑,需要更多的人为国家决策发展奋发有为,建立和完善国家智库荣誉表彰制度正当其时。随着国家激励奖赏制度的不断完善,中国特色社会主义事业的凝聚力和感召力一定会越来越强,也一定会激励越来越多的人投身于为国家为社会建立卓越功勋的行列,从而为中华民族伟大复兴的中国梦提供强有力的人才支撑。

(三)共建共享,着力解决智库研究数据获取难的困境

政府信息公开是智库进行政策研究分析的重要基础,信息公开制度对于智库的培育、建设和持续发展起着至关重要的作用。信息公开一般认为是行政主体在行使职权时,除涉及国家机密、个人隐私和商业机密之外,凡与行政职权有关的事项,必须向行政相对人及社会公开。2008

年 5 月 1 日《中华人民共和国政府信息公开条例》施行以来，我国政府信息公开工作取得了一定进展，但依然存在诸多问题，突出表现为更新不及时，公开渠道单一，"公开的信息群众不关注、群众关注的信息不公开"等问题。[①] 党的十八届四中全会将全面推进政务公开列为建设法治政府的重要内容，明确提出"坚持以公开为常态，不公开为例外原则，推进决策公开、执行公开、管理公开、服务公开、结果公开"，对推进政府信息公开工作提出了新的更高要求。国务院办公厅发布的《2015 年政府信息公开工作要点》指出，推进行政权力清单、财政资金、公共服务、国有企业、环境保护等九大领域的信息公开工作，不断增强政府信息公开实效，使政府信息公开工作更好地服务于经济社会发展，促进法治政府、创新政府、廉洁政府和服务型政府建设。

我国综合性智库信息化基础普遍较好，通过各种专业信息系统掌握着大量可供决策分析的元数据，由于网络系统的分割以及数据库技术的兼容问题，加之职能部门的条块利益部门化倾向，导致信息孤岛仍旧存在，阻碍信息共享的有效实现。智库机构需要不断加大自身影响力，加强智库之间的联络活动，打造可供智库专家访问的资料库元数据存取标准，形成一体化的决策咨询信息共享，实现跨地区、跨部门、跨智库的共享系统。

大数据是一场管理革命，以数据采集、数据预处理、数据存储及管理、数据分析与挖掘、数据展示和应用等大数据相关技术为核心形成的数据挖掘模式，利用大数据技术优化智库科研方式，构建大数据环境下的信息资源保障体系，构建科学、高效的智库大数据决策与应用平台，增强智库大数据价值发现和数据洞察能力。"用数据说话、用数据决策、用数据管理、用数据创新"，将成为新型决策研究范式。

（四）创新机制，不断完善智库人才培养、使用及引进政策

当今世界多极化、经济全球化、文化多样化、社会信息化深入发展，

---

① 芮国强：《以四大转变推进政府信息公开》，《中国社会科学报》2016 年 1 月 13 日第 7 版。

人才在综合国力竞争中的基础性、战略性、决定性作用更加凸显,加快人才发展是当前在激烈的国际环境竞争中赢得主动的重大战略选择。

党的十八届五中全会明确提出树立"创新、协调、绿色、开放、共享"的五大发展理念,加快建设人才强国,深入实施人才优先发展战略,推进人才发展体制机制改革和政策创新,形成具有国际竞争力的人才制度优势,描绘出"十三五"乃至更长一段时期人才发展的蓝图。面向新型智库人才体制机制的改革与创新,需要突出中国特色符合现代智库运作机制。一是做大增量,不断吸引高端人才进入智库。建设一支高水平的人才顾问团队,发挥咨政建言、以才引才的作用。二是做强存量,不断提升智库人才的效能。积极搭建智库人才施展才华的事业舞台,改革各类人才选拔使用方式,形成有利于各类人才脱颖而出、充分施展才能的选人用人机制。三是积极搭建与决策部门之间的常态化互动平台,扩大体制内外智库之间的联系,形成开放、竞争、流动的人才机制,开门办智库。

五 结语

中国特色新型智库建设正如火如荼、前途宽广、充满希望。综合性智库建设为新型智库发展奠定了政治方向、力量支撑和机制保障,也提出了更高要求。

必须认识到,当前我国社会主要矛盾已发生改变,这是关系到党和国家全局性的历史变化。我们要在继续推动发展的基础上,着力解决好发展不平衡不充分问题,更好满足人民在经济、政治、文化、社会、生态等方面日益增长的需要。这对党和国家工作提出了许多新要求,也对我国新型智库的研究领域提出了新内容、新任务。

必须认识到,人文社会科学的社会影响有着鲜明的政治标准,中国智库和西方智库之间存在本质区别。西方智库之所以大张旗鼓地宣扬和强调自身的独立性,其实是通过标榜客观和自主性立场,提升其主张的普遍性和公信力,从而掩盖服务于资产阶级的特殊立场。通过对中国特色新型智库的研究与评价，目的是提升我国智库的国际话语权，构建对外话语体系，讲好中国故事，传播中国方案。

必须认识到，在国家创新体系的不断建设和完善中，中国特色新型智库的各项建设和保障体制机制亟需改进和加强。我们要进一步深入研究新型智库人才培养与成长的规律，以不断改革创新的举措营造良好环境，努力培养一大批符合国家决策发展需要、德才兼备的新型智库人才，为全面建成小康社会，实现中华民族伟大复兴，推进中国特色社会主义建设事业不断前行献智出力。

（中国社会科学评价研究院　马冉）

专业性智库分报告

第一部分 部委所属专业性智库

项目组在对专业性智库进行遴选过程中，为进一步加以细化分析和研究，将专业性智库按母体机构的属性，划分为部委所属专业性智库和高校智库。入选25家首批国家高端智库建设试点单位的中国宏观经济研究院（原国家发展和改革委员会宏观经济研究院）、商务部国际贸易经济合作研究院、中国现代国际关系研究院三家都是部委所属专业性智库的代表。

一 部委智库的界定与遴选

"部委所属专业性智库"是指中华人民共和国国务院的组成部门、直属机构以及国务院部委管理的国家局所属的，以战略问题和公共政策为主要研究对象，以服务党和政府科学民主依法决策为宗旨，从事公共政策研究和决策咨询服务的非营利性研究咨询机构。因此，部委所属的部分机构，因其业务内容更侧重于技术性工作或学术性研究，或不具备公共政策研究职能和决策咨询服务功能，而未被纳入到"部委所属专业性智库"之中。

项目组针对部委所属专业性智库采取了三步数据排查与三轮调研相结合的方法，经过逐步遴选，汇总形成了样本智库数据。

首先，项目组通过对国内现有主要四家智库评价与研究机构已经公开发表过的智库数据库进行了摸排和初步收集，共采集了2335条包含重复信息在内的智库外部数据，部委所属专业性智库在四家外部数据中的归属类别不尽相同。

外部数据（1）：基于社会科学文献出版社出版的《中国智库名录》2015 年版和 2016 年版中的"政府部门智库"；

外部数据（2）：基于上海社会科学院发布的 2016 年和 2017 年《中国智库报告》中的"国家党政军智库"；

外部数据（3）：基于四川省社会科学院、中国科学院成都文献情报中心联合组建的中华智库研究中心发布的 2016 年和 2017 年《中华智库影响力报告》中的"国家级智库"；

外部数据（4）：基于南京大学中国智库研究与评价中心和光明日报智库研究与发布中心合作研发的 2016 年"CTTI 来源智库"中的"党政部门智库""科研院所智库"。

项目组经过提取和汇总，共获取了 131 条外部数据。

其后，项目组通过查询国务院官方网站，确认国务院组成部门、国务院直属机构、国务院办事机构、国务院部委管理的国家局共计 57 家。项目组针对这 57 家机构的官方网站逐一进行核查，并以其官方网站为入口，进一步核实各部委所属机构中具有智库功能的机构，在对外部数据加以核实的同时，项目组进行查缺补漏，对部委所属专业性智库的来源数据库进行补充完善。通过核查，项目组初步遴选了国务院 57 家部委及其管理的国家局下共计 158 家机构作为部委所属专业性智库的考察数据。

项目组针对 158 家考察数据，利用互联网查询、电话调研、实地走访等多种调研方法，在逐条核实数据的基础上，通过电子邮件、传真、快递以及调研座谈等多种方式发放《中国智库综合评价调研问卷（2017 年版）》，并同步开展专家咨询，听取各领域专家对部委所属专业性智库界定的意见与建议，及时核实、完善、增减智库数据。经过三轮调研，项目组从 158 家考察数据中遴选出 36 家部委所属专业性智库作为样本智库。

二 样本智库与发展现状分析

(一) 专业性强

部委所属专业性智库依托于部委建立并运行,很多机构拥有较长的历史,在其从事的专业领域内已经奠定了较为坚实的研究基础和深厚的学术积累。

表34　　　　　　　　　　代表智库的研究领域分布

智库名称	研究领域
商务部国际贸易经济合作研究院	国际贸易、直接投资、发展援助、商品流通、服务贸易、各国经贸关系、区域经济合作、对外开放战略
中国科学技术信息研究所	情报学、科技政策、科技评价、信息资源管理
中国环境科学研究院	环境科学、环境工程、环境标准、环境政策
统计科学研究所	统计学基础理论、统计制度方法改革、经济统计
中国科学技术发展战略研究院	科技创新政策、体系、科技预测、科技与社会、科技与经济
环境保护部环境规划院	环境规划、环境政策、环境工程咨询
国家邮政局发展研究中心	邮政快递、政策法规、标准、信息化中长期建设

资料来源:项目组编制。

智库的专业性,首先是其智库人才队伍的专业性。仅就样本智库的数据来看,总体上部委所属专业性智库的专职专业技术人员的总量规模较为庞大,例如,商务部国际贸易经济合作研究院和中国科学技术信息研究所的专职专业技术人员总数都超过100人。除了专职专业技术人员,部委所属专业性智库也能吸引大量的兼职(含客座)专业技术人员贡献自己的研究力量。中国环境科学研究院的兼职(含客座)专业技术人员达到了专职专业技术人员的10%。人才的专业化能够使部委所属专业性智库的研究更加专注于其专业领域,突出专业领域的学科建设,其智库人才具有鲜明的专业特色、较高的同行认可度、较强的社会公信力。

其次，部委所属专业性智库在聚集知名度高、影响力大的领军人物方面具有一定的优势。例如，中国宏观经济研究院（原国家发展和改革委员会宏观经济研究院）集聚了一批高层次、高职称、高学历的研究人员，在宏观经济研究领域涌现了一批国内外知名专家和领军人才，近百位专家享受国务院政府特殊津贴，5位学者被列为"中央直接掌握联系的高级专家"。

最后，合理配置专职行政人员的数量，可以让智库研究人员从繁冗的行政工作中脱身，更加专注于智库的公共政策研究和决策咨询服务，为党和政府的科学民主决策贡献力量。例如，环境保护部环境规划院的专职行政人员总数就达到了专职专业技术人员总数的13%。

（二）规模差异大

部委所属专业性智库根据单位级别的不同，在人员规模上存在较大差异。体量大的部委所属专业性智库的专业技术人员会多于100人，研发经费是以亿元为单位，提交的政策成果能达到上百篇，被采纳的政策建言和得到的领导批示能多达几十件。相比之下，体量小的部委所属专业性智库的专业技术人员数量则少至十几人，研发经费是以百万元为单位。在这种情况下，体量小的部委所属专业性智库被采纳的政策建言和得到的领导批示可能不到十件。这种机构配置的差异，使得不同体量的部委所属专业性智库之间欠缺可比性。例如，中国环境科学研究院的专职专业技术人员总数为799人、专职行政人员总数为63人。与之相比，国家邮政局发展研究中心的专职专业技术人员总数为37人、专职行政人员总数为6人。即使是同一部委所属的机构之间也存在较大的差异。以环境保护部下属的三家专业性智库为例，其中中国环境科学研究院和环境保护部环境规划院的规模均为几百人，而环境保护部环境与经济政策研究中心的人员编制才十几个人，这直接导致了政策影响力上的差异。

（三）经费相对有保障

部委所属专业性智库依托所属部委建设运行，主要享受财政拨款或专项经费，接受政府部门的交办、委托课题，在财力和物力资源方面相对较为充裕。项目组在调研中发现，部委所属专业性智库的年度研发经费从数百万元到上千万元，甚至上亿元不等。充足而稳定的经费来源能够支撑部委所属专业性智库更好地开展广泛的研究，为政策研究提供深厚的知识储备。例如环境保护部、科学技术部和商务部都大力支持下属智库机构的专业建设，使其尽量没有后顾之忧，更好地服务于党和国家的科学民主决策，提供智力贡献。

（四）制度化管理

部委所属专业性智库大多为事业单位或参照公务员管理单位，作为体制内的政策研究机构，在规章制度方面相对健全，从人事管理、财务管理，到绩效考核、激励机制，都制定了相关配套制度，出台了相关文件，执行具有规范性、系统性、严密性，为全面推进智库建设工作提供了制度保障。提交机构调研问卷的样本智库基本上都提供了该机构的规章制度、发展规划、年报等相关书面资料。

（五）咨政成果丰富

部委所属专业性智库与高校智库、社会智库和企业智库相比，更接近于政策的制定者和决策者，不论是在信息获取方面，还是在智库成果的上报、转化方面，都具有一定的先天优势。与之相应，国家对于部委所属专业性智库的期望和要求也更高。

就智库的研究项目来源而言，部委所属专业性智库经常承接政府部门的交办任务和委托的研究课题。如环境保护部的两家下属智库机构在2016年度承担的省部级以上党政机关交办和省部级以下党政机关委托的研究项目数量均超过100个，为国家在环境保护领域的政策研究做出了突出的贡献。

就智库的信息获取而言，部委所属专业性智库相较于其他类型的智库，更易于获取到公共政策研究的相关数据信息，能够更好地领会政策制定者和决策者的意图与需求，因此，其咨政成果的可操作性更强，更能有效地服务于公共政策决策。

就智库的上报渠道而言,部委所属专业性智库的成果报送渠道通畅、成果展示平台多样化,也是部委所属专业性智库的一大特色和优势。例如商务部国际贸易经济合作研究院和国家邮政局发展研究中心都有省部级以上的咨政成果直通报送渠道,两家智库机构的年度政策成果提交数量也都超过了一百篇。此外,部委所属专业性智库还会通过内参等机构内部刊物,直接向上级领导报送本机构的研究成果。这些渠道和平台,不仅便于部委所属专业性智库向决策层传递自己的政策性观点和主张,也有助于提升智库的政策影响力。以环境保护部为例,其下属的两家专业性智库2016年度政策建言被国家级和省部级领导采纳的数量都达到了几十件。

(六) 外宣有优势

部委所属专业性智库在对外宣传方面和展示平台上有自身的优势。

首先,很多部委所属专业性智库都有面向社会公开出版发行的期刊,特别是很多学术期刊在专业领域内都享有较高的同行评价,基于长年的积累,得到社会公众的广泛认可,能够发挥引导社会舆论的积极作用。例如,统计科学研究所等部委所属专业性智库都有公开发行的学术性期刊,中国科学技术信息研究所更是拥有近十种公开发行的学术性期刊。

其次,部委所属专业性智库每年都会举办各种论坛以及学术研讨会,其研究人员也会受邀参加其他机构举办的相关活动,发表演讲和政策性观点,解读公共政策,同时也能够更好地宣传该智库自身及其研究成果,提升智库的社会影响力。例如,环境保护部环境规划院和中国环境科学研究院非常重视国内学术活动的开展,积极举办国内学术会议和咨政会议,在国内的广播、电视、报纸上发表研究人员的政策性观点,从而获得了社会的广泛关注。中国环境科学研究院的官方网站2016年的年点击量达到36万余次。

最后,对外举办培训也是部委所属专业性智库践行社会责任、提升自身社会影响力的途径之一。以样本智库数据为例，2016年度对外提供培训方面，商务部国际贸易经济合作研究院高达4000人次，环境保护部环境规划院也超过了2700余人次。

三 部委所属专业性智库发展中存在的问题

部委所属专业性智库在对上的决策影响力和对外的国家影响力上，都占据着一定的主导地位，并且积极发挥着咨政建言和舆论引导等智库功能。不过，严格对照两办《意见》规定的智库建设标准来看，部委所属专业性智库自身的建设和发展还存在一定的问题和提升空间。

（一）智库定位不清晰

项目组调研发现，近年来许多部委高度重视并大力推进智库建设工作，取得了丰硕的业绩成果，但还有一些部委的相关部门和所属机构对于"智库"的界定存在认知不清的问题。在前期调研过程中，针对项目组提出的"贵机构定位是否为智库"或"贵机构是否从事具有智库功能的相关工作"等问题，被调研人员或部门的回答含糊不清，其中不乏高频率出现在四家外部数据库中、具有较高社会知名度的机构。由于定位的不清晰，可能导致部委所属专业性智库在开展工作过程中，对于人员编制、岗位、经费、成果、绩效等一系列智库组织与管理工作的目标不清、职责不明等问题。

与此同时，在机构设置方式上，多数机构为单独设置，但也存在部委机构调整过程中产生"一套人马，多块牌子"的情况，甚至还有"一套人马，两块牌子，两种编制，两方领导"的情况。智库机构的定位、组织设置是智库管理的核心要素，直接影响智库的建设与发展，应不断建立健全规范的组织架构。

对于智库定位不清晰的问题，既有智库自身认知不足的内在原因，也有智库评价机构在评价过程中认定不准的外在原因。项目组在调研中发现，有一些部委所属机构被作为"智库"纳入到了四家外部数据中，例如教育部、司法部、国土资源部、国家卫生和计划生育委员会、国家体育总局等部委所属的一些机构以及国务院港澳事务办公室,在调研中,都明确向项目组表示其机构定位不是智库。

(二)经费管理与激励机制有待强化

部委所属专业性智库在经费来源方面,稳定而有保障,但与此同时,资金来源较为单一,多为财政拨款和专项经费,在经费的支出结构、开支范围、列支科目、列支对象、报销流程、预算决算方式等具体方面存在与智库工作方式和流程不相匹配、经费使用困难等现实问题。部委所属专业性智库的研发经费主要来源于财政拨款,所以相关智库相对欠缺市场竞争意识,其研究人员也普遍存在搞好自己的学术研究、安于现状的心态,对智库影响力的重视程度明显不足。另一方面,部委所属专业性智库的工作人员大多是事业编制或公务员编制,工资结构比较固定,针对同一单位内从事智库相关工作的人员如何开展绩效考核并兑现相应的奖励都存在体制内的限制,很多激励政策实施存在困难。

(三)在公共媒体上的活跃程度不高

部委所属专业性智库在体制优势下,研究人员存在出于完成交办任务的心态开展相关工作的情况,对于智库成果的公开发布、对外宣传的积极性和主动性不足。项目组通过调研发现,无论是传统大众媒体,还是互联网、移动终端等新媒体,部委所属专业性智库发布研究成果与观点、宣传智库活动的频次都相对有限。

由于部委所属专业性智库的机构特殊性,存在大量的涉密信息无法及时向公众全部公开。这一点无论是在部委所属专业性智库反馈的机构调研问卷中,还是在对其的电话调研中,都表现得非常明显。很多部委所属专业性智库明确表示,对于有些调研问题无法提供具体数据,或是其机构自身都无法完全掌握某些数据和内容。不可否认,这种情况的产生在一定程度上源自智库从事政策决策研究工作的特殊性和客观性的因素，此外，也存在智库机构自身由于长期不重视公众交流，没有做相关统计和记录的原因。智库机构数据的难以获取在很大程度上阻碍了项目组对部委所属专业性智库的客观数据的收集与客观评价的开展。这种交流意识的欠缺在一定程度上影响了部委所属专业性智库成果的转化和宣传功能发挥。

（四）国际影响力呈现两极化

部委所属专业性智库在国际影响力方面呈现出明显的两极化。以2016年度派往国外进行交流访问或参加研讨会的情况为例，按专职研究人员的人均计算，样本智库之间的出访人次最大差值为8倍。在合作举办国际会议，与国外机构或个人合作发表学术成果或合作开展联合研究等方面，也出现了同样的两极化差距。从样本智库提供的数据来看，虽然大部分部委所属专业性智库都已建设英文网站，其研究人员使用中英双语发布研究报告，但就目前部委所属专业性智库在国际合作方面的整体情况而言，国际影响力较为有限，有些项目甚至还都是空白。

四 参评智库与评价方法

项目组遵循"中国智库综合评价AMI指标体系研究"项目2017年参评智库遴选七项原则，从36家部委所属专业性智库的样本智库中，遴选出25家参评智库。

在评价过程中，项目组运用自行研创的"中国智库综合评价AMI指标体系"，采用客观和主观相结合的评价方法，坚持定性与定量相结合的评价原则，主要参考《中国智库综合评价调研问卷（2017年版）》及其相关支撑材料和《中国智库综合评价专家评价问卷（2017年版）》的相关结果，并结合调研访谈和信息采集过程中获得的相关资料。

在AMI指标体系中，针对部委所属专业性智库的评价在综合各项指标的基础上，会更加倾向于对智库"人才吸引力"，"系统"与"人员"的管理力，"政策影响力"与"社会影响力"几方面二级指标的考察。

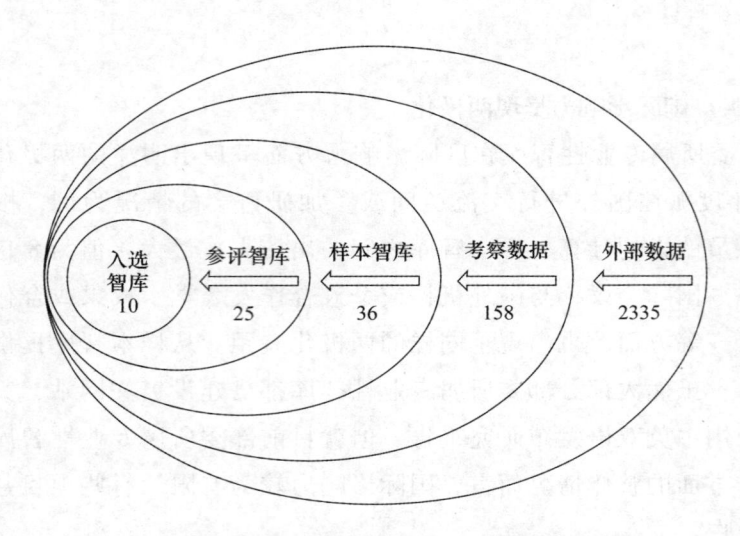

图4　部委所属专业性智库评价数据遴选圈层图

资料来源：项目组绘制。

五　部委所属专业性智库入选名单

项目组运用自行研创的"中国智库综合评价AMI指标体系"开展综合评价后，按比例选取参评智库中AMI指标综合表现最为突出的智库，汇总形成部委所属专业性智库入选智库名单，**排名不分先后，按入选智库名称的拼音字母排列。**

表35　部委所属专业性智库

参评智库：25家

入选智库：10家

（按智库名称拼音字母排列，排名不分先后）

智库名称
国家发展和改革委员会国际合作中心
国家统计局统计科学研究所
环境保护部环境规划院
中国财政科学研究院
中国国际问题研究院
中国环境科学研究院
中国教育科学研究院
中国科学技术发展战略研究院
中国人民银行金融研究所
住房和城乡建设部政策研究中心

资料来源：项目组编制。

六　对部委所属专业性智库未来发展的建议

部委所属专业性智库在未来的智库建设工作中，应明确定位、发挥优势、强化外宣。

第一，明确定位。部委所属专业性智库作为部委内生智库，只有自上而下明确了自身的智库定位，领导才会重视智库工作，机构自身才能制定长远的发展规划，智库工作人员才会知道自己该干什么、怎么干。在明确智库定位的基础上，进一步制定并完善符合智库运行规律的相关配套制度。在人才对外交流与岗位设置方面，应突破现有的人员编制管理，给予智库研究人员相对宽松的发展空间，全面提升智库人才的咨政建言与实践应用的能力。在绩效考评方面，应建立成果评价体系与激励机制，加大对高质量智库成果的奖励与表彰，激发智库研究人员的科研能动性与思想创造力。在经费使用与管理方面，进一步推进财务制度改革，在建立健全规范高效、公开透明、监管有力的资金管理机制的同时，明确智库经费的预算与决算制度，探索建立和完善符合智库运行特点与规律的经费管理制度，不断简化报销程序，提高资金的使用效益，为智库建设提供更为有力的支撑与保障。

第二，发挥优势。部委所属专业性智库依托部委建立建设，从总体看，根基更为深厚，在专业领域内享有一定的口碑与同行认可度，具备较为畅通的信息获取与成果报送渠道，为推进智库建设形成了有益的积累。如何更好地发挥部委所属专业性智库在专业引领、人才建设、渠道维护、资金保障以及平台网络等各方面的优势，将是下一步需要积极探索与不断创新的重点，也是全面提升部委所属专业性智库吸引力、管理力、影响力的有效途径。部委所属专业性智库发挥优势，不仅要在专业上做强做精，而且要通过自身与相关部门的紧密联系，更好地寻找自己领域内党和政府关心的重要问题，提高研究的前瞻性、导向性与时效性，并且通过及时了解上级部门和社会各界对于研究成果的反馈意见，不断加强研究的效率和质量，真正成为相关领域内政策决策过程的有机环节。

第三，强化外宣。智库不仅需要自身做大做强，同时还需要"讲好智库故事"。智库与普通研究机构的区别之一，就在于前者更为注重对公共决策的影响力，而对外宣传则是增强这种影响力的重要渠道。对外宣传不仅全面展现智库的成果业绩，同时成功的外宣还可以起到引导社会舆论的作用。部委所属专业性智库要发挥好智库外宣功能，首先要强化自身的外宣意识，增强主动性和积极性，明确"外宣就是形象"的意识，通过对外宣传树立和扩大自身形象，提升吸引力、竞争力。部委所属专业性智库的外宣工作要形成自身的品牌和特色，继承传统与创新发展相结合，不断拓展思路，开辟多样化渠道，尤其要善于与公共媒体合作，学会与专业圈之外的公众进行有效互动。

（中国社会科学评价研究院　胡薇）

第二部分　高校智库

高校智库是我国智库体系的重要组成部分。早在2014年2月10日，教育部就面向各省、自治区、直辖市教育厅（教委），新疆生产建设兵团教育局，有关部门（单位）教育司（局），部属各高等学校印发了《中国特色新型高校智库建设推进计划》（以下简称《计划》），深入贯彻落实党的十八大、十八届三中全会精神，贯彻落实习近平总书记关于加强智库建设的重要批示和刘延东副总理在"繁荣发展高校哲学社会科学 推动中国特色新型智库建设"座谈会上的重要讲话精神，推进中国特色新型高校智库建设，为党和政府科学决策提供高水平智力支持。2015年1月20日，中共中央办公厅、国务院办公厅联合印发的《关于加强中国特色新型智库建设的意见》（以下简称两办《意见》）明确将"推动高校智库发展完善"纳入构建中国特色新型智库发展新格局中。

《关于加强中国特色新型智库建设的意见》第三部分第（八）条中要求深入实施"中国特色新型高校智库建设推进计划"，针对高校智库指出，应"发挥高校学科齐全、人才密集和对外交流广泛的优势，深入实施中国特色新型高校智库建设推进计划，推动高校智力服务能力整体提升。深化高校智库管理体制改革，创新组织形式，整合优质资源，着力打造一批党和政府信得过、用得上的新型智库，建设一批社会科学专题数据库和实验室、软科学研究基地。实施高校哲学社会科学走出去计划，重点建设一批全球和区域问题研究基地、海外中国学术研究中心"。两办《意见》出台后，教育部作为全国高校的统筹领导部门，对高校智库建设工作给予高度重视。

2014年的教育部《计划》和2015年的两办《意见》作为我国高校智库建设的纲领性文件，发挥着重要的指导作用。《计划》为全面推进我国高校智库建设、深化落实体制机制改革提出了微观层面的具体规划和内容，两办《意见》则从宏观层面为我国高校智库建设进一步明确了方向和要求。全国高校在这两个文件的指导和教育部的统筹领导下，广泛动员、重点推进，经过不懈努力，智库建设取得了明显成效。

一 高校智库的界定与遴选

作为中国特色新型智库的重要组成部分，在功能定位上，依据教育部《计划》，"高校智库"应当发挥战略研究、政策建言、人才培养、舆论引导、公共外交的重要功能。具体包括：一是发挥基础研究实力雄厚的优势，着重开展事关国家长远发展的基础理论研究，为科学决策提供坚实的理论支撑。二是发挥学科门类齐全的优势，围绕重大现实问题，开展多学科的综合研究，提出具有针对性和可操作性的政策建议。三是发挥人才培养的优势，努力培养复合型智库人才，为中国特色新型智库建设提供有力的人才保障。四是发挥高校学术优势，针对社会热点问题，积极释疑解惑，引导社会舆论。五是发挥对外交流广泛的优势，积极开展人文交流，推动公共外交。

2015年11月9日，中央全面深化改革领导小组第十八次会议审议通过《国家高端智库建设试点工作方案》，批准25家单位为首批国家高端智库建设试点单位。其中，第二类是依托大学和科研机构形成的专业性智库（以下简称"专业性智库"），共12家。高校智库属于第二类"专业性智库"，共有6所国内重点高校所属智库入选首批国家高端智库建设计划，包括"北京大学国家发展研究院""清华大学国情研究院""中国人民大学国家发展与战略研究院""复旦大学中国研究院""武汉大学国际法研究所""中山大学粤港澳发展研究院"，占整体的24%，占专业智库的50%，高校智库的重要性得以体现，中国特色新型高校智库建设初具规模。

项目组针对高校智库采取了三步数据排查与三轮调研相结合的方法，经过逐步遴选，汇总形成了高校样本智库数据。

首先，项目组通过对国内现有主要四家智库评价与研究机构已经公开发表过的智库数据进行摸排和初步收集，共采集了2335条包含重复信息在内的外部数据。在对数据进行合并后，以此为基础划分为综合、专业、社会、企业四大类别，从专业性智库中进一步剔除46条港澳台智库信息、39条高校母体机构信息、国防大学和国防科技大学两所军事类高校，获得高校智库663条数据与合作类智库102条数据，合计765条数据。再对其中的102条合作类智库信息加以核查筛选，剔除非高校的合作类智库，最终获得663条高校智库数据和95条合作类高校智库数据，合计758条数据。

在此基础上，项目组通过三轮调研对获取的智库信息逐条查询、核实。第一轮调研，针对名单中有公共邮箱地址的机构，以邮件方式发放了电子版《中国智库综合评价调研问卷（2017年版）》。第二轮调研，项目组在开展电话调研的同时，考虑到"高校智库"是"依托我国国内高校建立"的机构，因此，原则上"高校智库"应先取得所属高校的认可，因此，项目组与调研对象智库所属高校校级主管部门联络，并发放《中国智库综合评价调研问卷（2017年版）》。项目组以高校的校级主管部门反馈的校级智库机构名单为基础，与第一轮调研中所获取的高校智库信息进行比对，针对两者信息不一致的情况，项目组再次与校级主管部门以及具体的高校智库机构分别进行确认联系，并最终确认该高校所属的高校智库名单。第三轮调研，项目组开展实地调研，现场发放纸质《中国智库综合评价调研问卷（2017年版）》，并进行说明答疑，同步开展专家咨询，听取各领域专家对高校智库的界定意见与建议。

项目组通过电话、邮件、实地调研、专家咨询等多种调研方法和渠道不断核实、修正、完善、增减来源智库数据。经过三轮调研，项目组从最初的外部数据663家高校智库名单中，剔除了网址或内容存疑的183家高校智库，并根据高校主管部门反馈的名单剔除了128家高校智库，同时项目组通过调研新添加了 112 家高校智库，最终遴选了 464 家高校智库作为考察数据。项目组从最初的外部数据 95 家合作类高校智库名单中，根据高校主管部门反馈的名单剔除了 16 家合作类高校智库，最终遴选了 79 家合作类高校智库作为考察数据，并进一步加以细分为中外合作智库 12 家、校校合作智库 9 家、校政合作智库 39 家、校企合作智库 6 家、校社合作智库 4 家、校研合作智库 4 家、校党合作智库 1 家和复合类多方合作智库 4 家。至此，项目组最终遴选了包括合作类高校智库在内的共计 543 家高校智库考察数据。

截至 2017 年 8 月 30 日，项目组通过邮件、邮寄、传真、现场回收等多种渠道，共计回收了高校智库调研问卷 161 份，用于本报告的数据分析。

此外，项目组基于调研过程中回收采集的一手和二手资料，对考察数据进行了增减，在此基础之上，以反馈了《中国智库综合评价调研问卷（2017 年版）》的 161 家高校智库和 5 家合作类高校智库，以及项目组遴选出的未反馈调研问卷的重点考察对象 181 家高校智库和 19 家合作类高校智库，合计 366 家作为分析研究高校智库整体发展现状的样本智库。

二 样本智库与发展现状分析

项目组以各家高校智库提交的《中国智库综合评价调研问卷（2017 年版）》的反馈数据为基础，结合实地走访调研和互联网查询所收集的资料信息，从数量、制度、专业、管理、人员等多方面，对我国高校智库的发展现状加以梳理和分析。

（一）总量攀升

2013 年 4 月习近平总书记"关于建设中国特色新型智库"的批示，以及此后多次公开讲述中国特色新型智库的重要性，都起到了充分的社会动员效果。其后，2014 年 2 月 10 日，教育部为深入贯彻落实党的十八大、十八届三中全会精神，贯彻落实习近平总书记关于加强智库建设的重要批示以及刘延东副总理在"繁荣发展高校哲学社会科学 推动中国特色新型智库建设"座谈会上的重要讲话精神，推进中国特色新型高校智库建设，制定并印发了教育部《计划》，对高校智库建设提出了具体指导。2015 年两办《意见》的印发进一步助推了高校智库在数量上的增长。三年间，在一系列文件的递进式推动下，形成了高校智库连续数年的增长趋势。

在政府政策主推和全国各界掀起智库建设热潮的大环境下，高校大力推进智库建设，体现为高校智库总量的迅速攀升。仅就 161 家高校样本智库的统计数据而言，如图 5 所示，样本数据区间为从 1957 年到 2017 年的 60 年，其间以 2013 年和 2015 年新成立的机构数量最为突出。2013 年 4 月习近平总书记"关于建设中国特色新型智库"的批示被视为新型智库建设的顶层设计开端，当年新成立的高校智库机构数量最多，为 27 家；2015 年两办《意见》再次强调对中国特色新型高校智库建设的要求，引发高校智库建设的第二波热潮，2015 年新成立的高校智库机构数量为 15 家。

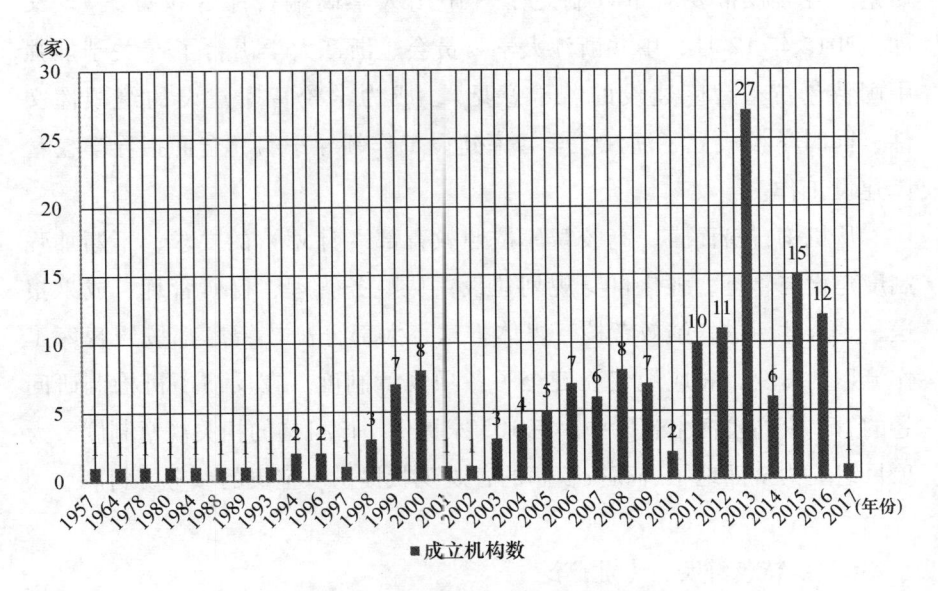

图 5　高校样本智库成立年份分布

资料来源：项目组绘制。

（二）制度先行

高校智库在制度建设方面，呈现出地市教育委员会、校级层面、机构自身的三级纵向架构，从宏观指导到细化实施，通过出台相关文件，不断推进高校智库的系统化管理。

从地市教育委员会而言，为统筹推进地方的高校智库建设工作，诸如上海、天津、苏州等多地的教育委员会都相继制定印发了高校智库建设的具体实施方案，为各地方高校更好地结合实际，推进高校智库建设，提升智库能力提供了纲领性的指导。

从校级层面而言，很多高校为了更好地落实并推进智库建设相关工作，不断完善制度的顶层设计并专门成立了智库建设与管理的相关部门。例如，中山大学为了更好地贯彻落实两办《意见》，履行高校为党和国家出谋划策的社会责任，提高中山大学人文社会科学服务党和国家战略需求的能力，打造服务党和国家决策的高端智库，通过多次研究与讨论，经学校常委会审议制定了《中山大学高端智库建设方案》。又如，2015年12月，中共浙江大学委员会、浙江大学出台了《关于加强中国特色新型智库建设的若干意见》，成为学校智库建设的纲领性文件，同时学校成立了浙江大学智库建设工作领导小组，全面指导学校智库建设工作。

从机构自身而言，高校智库按照教育部《计划》的要求，不断加强制度建设与管理，强化自身规划建设，从财务管理、科研管理、成果报送，到人才引进、绩效考核、媒体推送，大部分高校智库都按照智库工作流程的需要，相应地建立健全了各项规章制度。在反馈了机构调研问卷的161家高校样本智库中，有105家提供了该机构的相关规章制度，为项目组更为全面地了解高校智库的客观现状提供了宝贵的参考资料。

（三）特色鲜明、专业广泛

正如两办《意见》中所指出的高校具有学科齐全、人才密集和对外交流广泛的优势，各高校立足于自身学科基础，建设各自专长领域的、具有各自特色的智库型研究机构。项目组针对161家高校样本智库的数据加以分析，将高校智库划分为16个大领域，161家高校样本智库在16个领域里的数量分布不均，主要集中于经济、国际、政治领域，不难发现设有经济、公共管理、国际关系等相关学科的高校在智库建设能力方面较为强大。高校智库在专业领域上虽存在相对集中的现状，但在各大领域内又相对分散。

（四）管理模式多样化

高校智库依托于所属高校而建立，因此，各高校之间在智库建设方面存在明显的差异化和特色化，智库规模也相应各异，大致可分为以下几类代表模式。

第一，分散管理模式。

北京大学、清华大学、中国人民大学、复旦大学等高校，大多把智库建设与管理的权限下放给校属院系，校级科研主管部门原则上只负责统合与指导性工作，所以此类高校下属校级智库机构数量较多，平行存在，独立运营，彼此之间没有太多的关联性。此种模式下，学校通常只制定校级层面的总体战略和布局规划，很难落到具体某个机构层面加以统一的细化管理，因此这类学校也很难反馈校级认可的下属智库机构名单。

第二，体系化建设模式。

中山大学、浙江大学、天津大学、上海交通大学、中国海洋大学等高校采取重点建设若干个专业智库的模式。例如，中山大学重点建设发展中山大学粤港澳发展研究院、国家治理研究院、南海战略研究院和高级金融研究院四家智库型科研机构；浙江大学基于现有的学科体系和研究力量，集中力量打造一个国家级实体性智库"浙江大学区域协调发展研究中心"、重点建设若干个专业智库基地，构建"1+X+Y"的智库建设体系。

第三，重点建设模式。

还有一些专业特点较为突出的院校，则依托自己的学科优势，集中发展某一特定领域的智库。例如，苏州大学整合全校文科优质资源，打破院系行政壁垒和学科学术壁垒，重点建设东吴智库，这也是全国高校中首家以智库名称登记的非营利性社会组织。与同类智库相比，东吴智库拥有明显的综合性比较优势，更利于整合资源，构建合作平台，打造高校智库品牌。

（五）人员规模各异

高校在智库建设方面虽然存在多样化的特色，但大部分高校智库仍然是"就地取材"，依托于母体高校的某个学院或系而设立。特别是在人员构成方面，几乎都是由高校教师兼任智库研究人员，高校智库通常没有或很少有专门的"正式人员编制"。在这种模式下，高校智库不论是专职行政人员，还是专职研究人员都非常有限。

如图6所示，161家高校样本智库的专职行政人员的设置主要集中在1—3人的区间内，并且有11%的机构没有专职行政人员的设置。高校智库的专职行政人员存在与所属高校院系或"一套班子，多块牌子"下其他机构之间共用的现实情况。

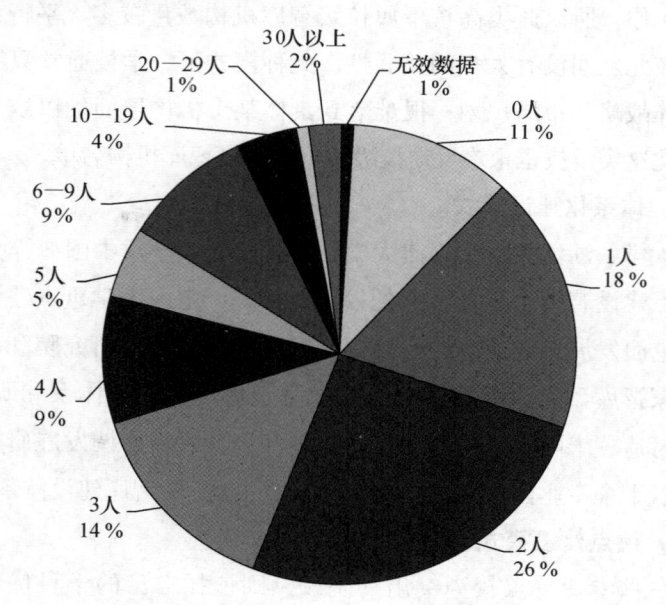

图6 高校样本智库专职行政人员规模分布

资料来源：项目组绘制。

项目组通过调研分析发现，161家高校样本智库的专职专业技术人员的规模以10—19人区间的占比最高，为35%，其次是20—29人区间，为19%。从调研了解到的情况来看，高校教师兼任智库研究人员的情况普遍存在，并且各高校在管理模式与体制上存在差异，因此本次调研中还无法统一该项数据的统计口径。另外，项目组注意到有6%的高校智库没有专职专业技术人员的设置，详见图7。

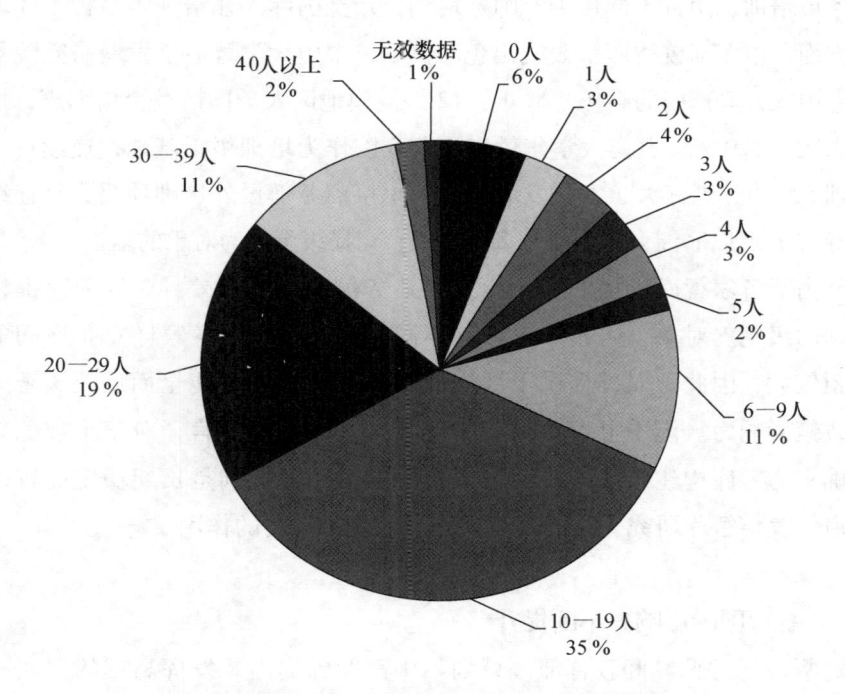

图7 高校样本智库专职专业技术人员规模分布

资料来源：项目组绘制。

（六）干部培训显优势

对于智库的"政策影响力"，项目组在三级指标中，从"对政策制定的影响力""成果转化""咨政渠道"和"与政府及决策者的关系"四个方面加以分项评价。除了"咨政报告""获得批示""政策应用"等广泛使用的指标外，项目组在"与政府及决策者的关系"方面，设置了四级指标"对外提供干部培训"。基于调研现状而言,"咨政报告""获得批示""政策应用"这类传统指标存在不同程度的数据获取困难、不易量化、难以举证等现实问题,相比之下,"对外提供干部培训"的人次更易量化和统计。

依托学校的强大资源进行建设并运营的高校智库在对外提供培训方面的优势较为明显,超过一半的高校样本智库均有提供干部培训的业务。在公务员培训、团青干部培训、师资培训,乃至国际人才培训等多种人才培养方面,很多高校智库都表现出色。例如,中山大学粤港澳发展研究院受香港中联办等部门的委托,举办了12期港澳地区人士国情教育培训班,培训人数达320人;暨南大学华侨华人研究院作为培训侨干基地,连续每年培训500人;浙江大学农村发展研究院承接商务部援外培训项目,已连续10余年开展以非洲、东南亚等多国部长、司局级干部为对象的培训。

由于各家智库机构的运营模式和业务侧重点各有差异,同时,提供培训的级别、对象、内容等也各有不同,在总人次上各家样本智库间的差距较大,因此"对外提供干部培训"一项指标并不能全面反映该智库的政策影响力。但不可否认的是,着眼于长远发展而言,对于干部的培训确实为智库构建与政府及决策者之间的关系,特别是长期稳定的咨政渠道,宣传智库研究人员的政策观点等起到了重要的作用。

(七)国际影响力不断提升

两办《意见》和教育部《计划》中都明确提出要发挥高校的"对外交流广泛的优势"。由于高校学科门类齐全,高校智库在国际交往项目、外国籍专家交流,特别是多语种设置方面,具有其他类型智库所不具备的先决条件,因此在使用多语种发表研究成果方面表现突出。在提升国际影响力的意识日益强化之下,一部分高校智库活跃于国际舞台上,在国际会议、国际合作等多方面都取得了很好的成绩。

1. 举办国际会议情况

从161家高校样本智库的数据来看,如图8所示,在2016年度单独举办过1次国际会议的为44家高校智库,占比27%;完全没有单独举办过国际会议的为82家高校智库，占比51%，超过一半；与之相比，2016年度单独举办国际会议超过10次的高校智库为4家，其中中国人民大学国家发展与战略研究院单独举办了38次国际会议。

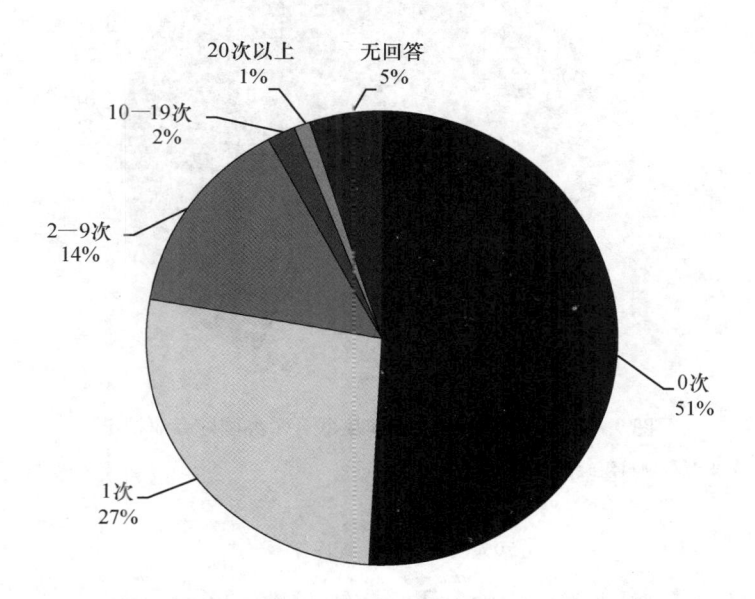

图8　高校样本智库2016年度单独举办国际会议情况

资料来源：项目组绘制。

在此基础上，项目组进一步统计分析了高校样本智库在联合举办国际会议方面的情况，参见图9。可以看到，有一半以上的高校智库联合举办过国际会议，有四分之一的智库联合举办过两次以上的国际会议。

2. 访问交流与国际合作项目

针对智库的国际合作能力，项目组主要从国际交流总人次、项目数量、机构数量以及国际合作研究成果四个方面加以评价。

从161家高校样本智库2016年度派往国外交流访问或参加研讨会的情况来看，如图10所示，各家高校智库都表现积极，主动走出去开展国际交流访问或参加研讨会的研究人员在1—9人次的高校智库超过了一半，达到53%。但具体到高校智库个体之间，还存在较大的差距，派出

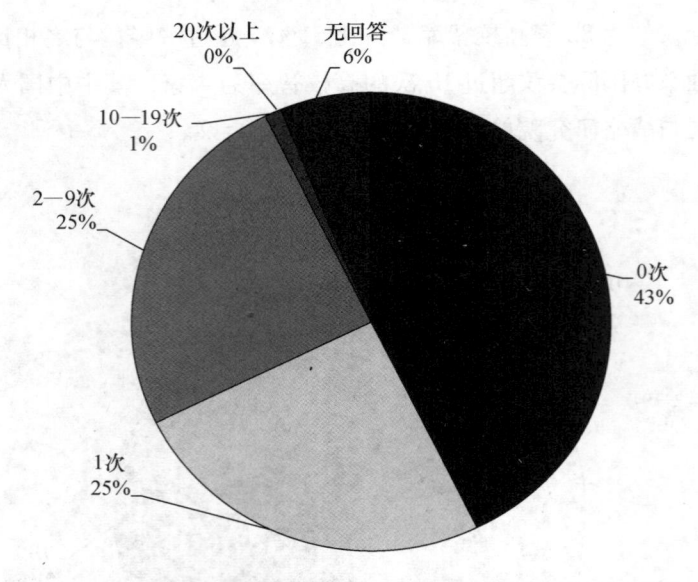

图 9　高校样本智库 2016 年度联合举办国际会议情况

资料来源：项目组绘制。

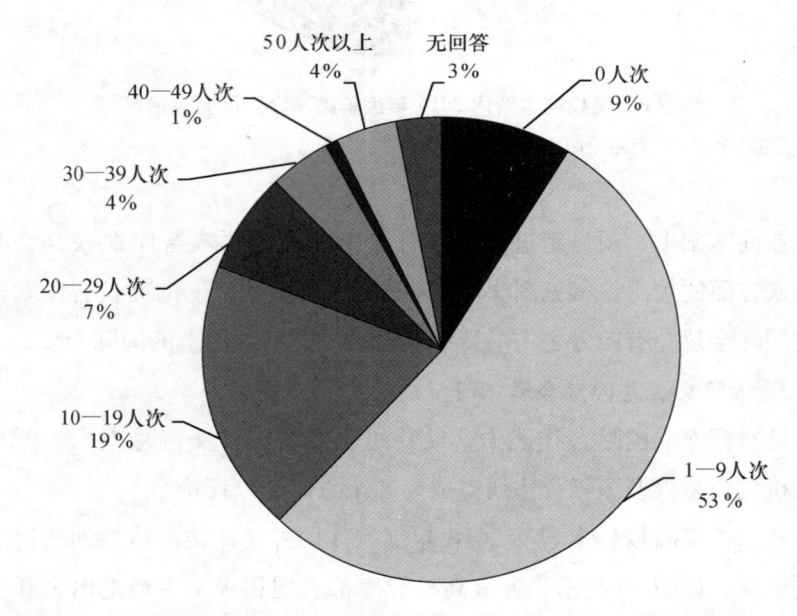

图 10　高校样本智库 2016 年度派往国外交流访问或参加研讨会情况

资料来源：项目组绘制。

超过 50 人次的高校智库共有 6 家，占比 4%，分别为浙江大学中国农村发展研究院和华东师范大学俄罗斯研究中心 50 人次，云南大学周边外交研究中心 53 人次，广西大学中国—东盟研究院 55 人次，中国人民大学重阳金融研究院 61 人次，厦门大学台湾研究中心 80 人次。

在国际合作项目数量方面，项目组从全年与国外或国际机构合作开展联合研究项目的数量和持续三年以上的研究项目数量两个方面综合进行评价。也就是说既要看一个时点上的总量，也要评估长期国际合作能力。从 161 家高校样本智库的数据来看，如图 11 所示，有超过一半的高校智库拥有 1—5 项与国外或国际机构合作开展联合研究的项目，但如图 12 所示，在持续三年以上的合作研究项目中，占比最多的为 1 项。

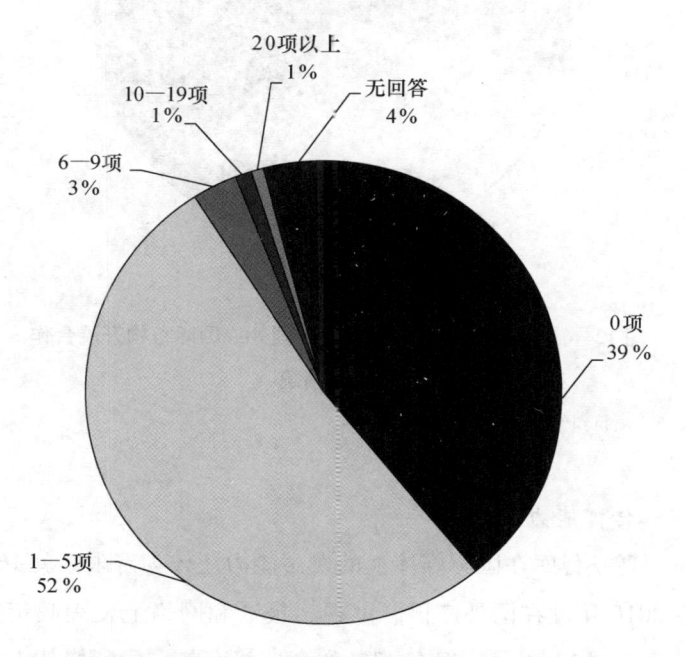

图 11　高校样本智库 2016 年度与国外或国际机构开展合作研究情况

资料来源：项目组绘制。

在国际合作研究成果方面，从 161 家高校样本智库 2016 年度与国外机构或个人合作发表学术成果的情况来看，如图 13 所示，有超过一半的高校智库都已具备了与国外机构或个人合作发表学术成果的业绩，虽在具体成果形式与数量方面还有较大差距，但已为高校智库开辟国际传播途径做出了一定的尝试。

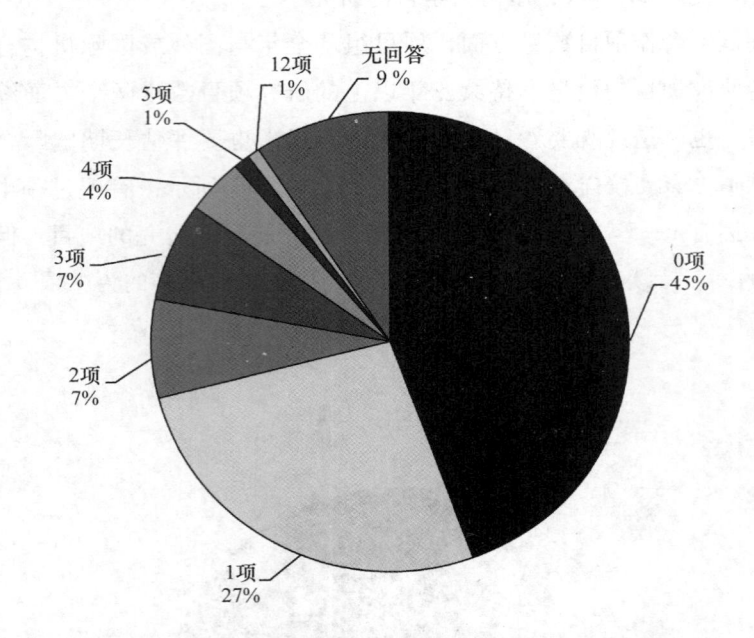

图 12　高校样本智库 2016 年度与国外或国际机构开展合作研究项目持续三年以上情况

资料来源：项目组绘制。

3. 国际传播能力

目前，高校智库在国际媒体上的发声能力还较为有限。就 161 家高校样本智库 2016 年度在国外广播、电视、报纸和网络上发表政策性观点的情况而言，如图 14 所示，仅有 37% 的高校智库曾在国际媒体上发表过政策性观点，其中最为集中的区间为 1—9 次。与之相比，也有中国人民大学重阳金融研究院和厦门大学教育研究院这样全年发声超过 40 次以上的高校智库。

有超过一半的高校智库的研究人员都使用外语发布学术论文及研究

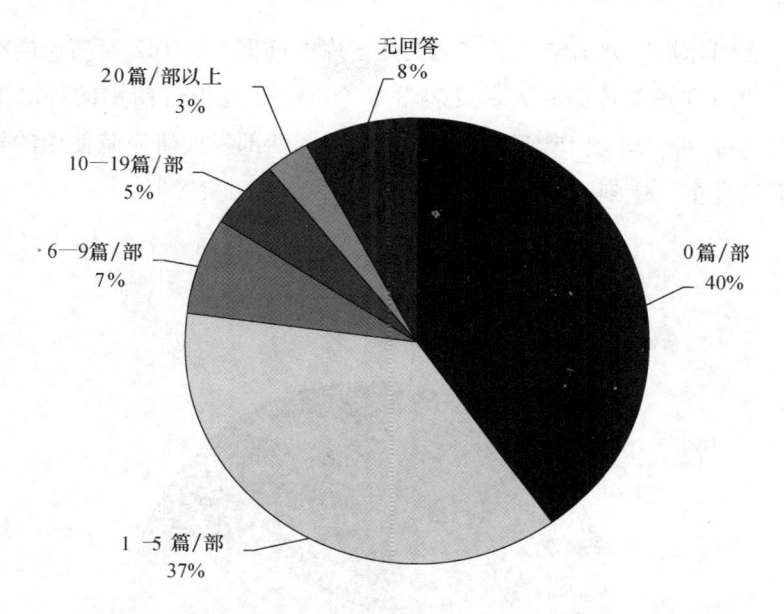

图13 高校样本智库2016年度与国外机构或个人合作发表学术成果情况

资料来源：项目组绘制。

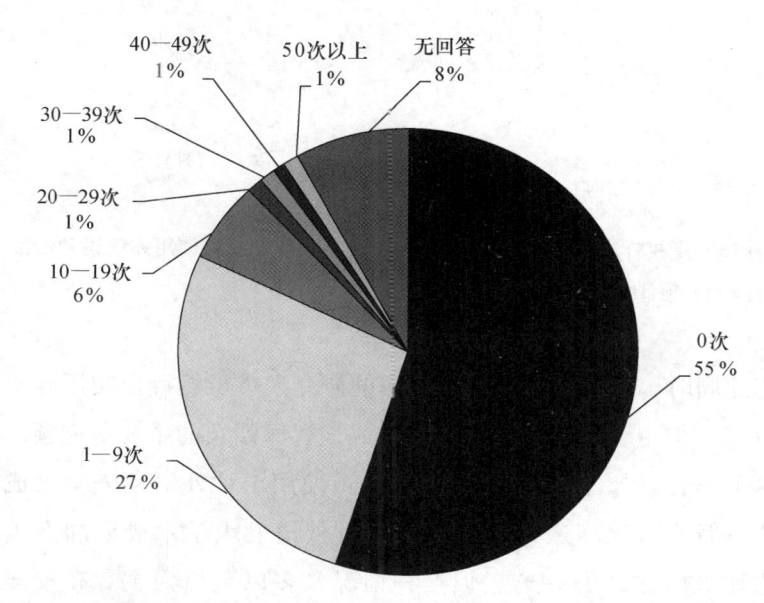

图14 高校样本智库2016年度在国外媒体发表政策性观点情况

资料来源：项目组绘制。

报告,在国际推广方面走在了其他类型智库的前面。在161家高校样本智库中,2016年度智库研究人员发表学术论文或研究报告使用的外语语种总数多达26种。如图15所示,浙江大学中国西部发展研究院使用的外语语种数量最多,达到12种。

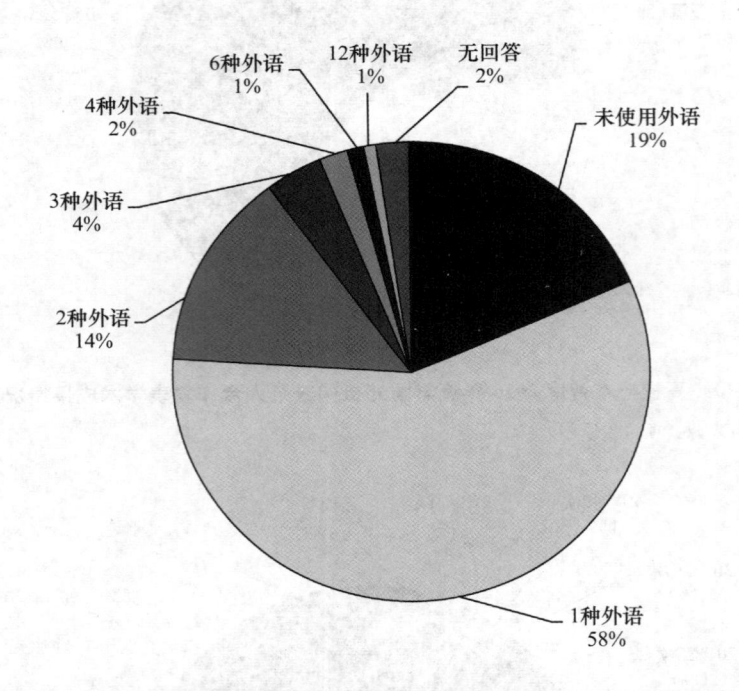

图15 高校样本智库2016年度研究人员发表学术成果使用外语语种情况

资料来源:项目组绘制。

与此同时,项目组发现高校智库的研究人员虽然重视使用外语进行成果发布,但主要还是集中于英语,或该智库涉及的主要研究领域和国家地区的语言。如图11所示,研究人员使用1种外语发表学术成果的高校样本智库占比高达58%,使用2种外语发表学术成果的高校样本智库占比虽然达到了14%,但这种情况又多以英语为主。高校样本智库2016年度研究人员发表学术成果使用外语的具体情况参见图16。

在具有官方网站的145家高校智库中,使用1种外语搭建官方网站的高校智库为83家，占比57%，其中只有1家使用的是日语，其余使用的均为英语。此外，使用2种和3种外语搭建官方网站的高校智库分别为6家和4家，其中均使用了英语。因此，除明确回答无外语官方网站的5家高校智库和未做回答的47家高校智库外，145家高校智库中有92家高校智库具有英语官方网站，参见图17。

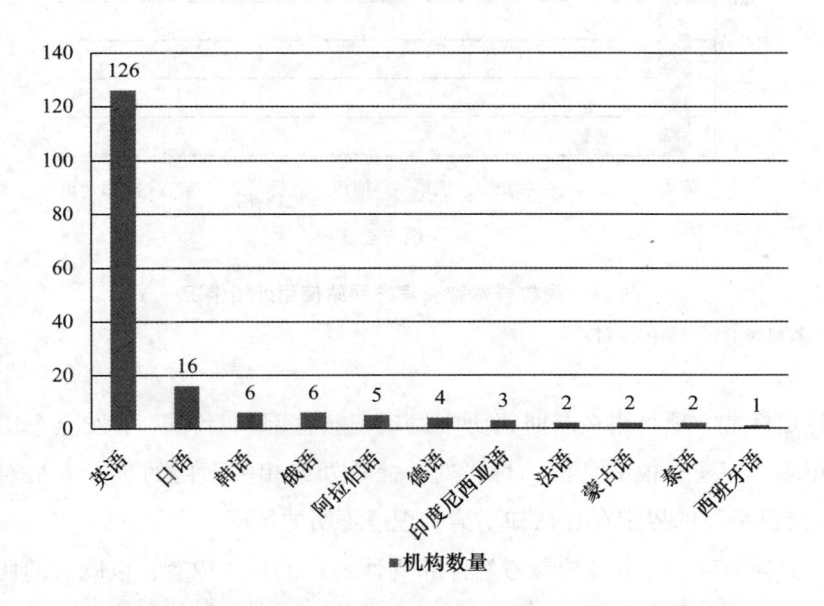

图16　高校样本智库2016年度研究人员发表学术成果使用外语情况
资料来源：项目组绘制。

三　高校智库发展中存在的问题

高校智库在自上而下地大力推动之下，发展势头迅猛，已粗具规模，奠定了一定的基础，但严格对照两办《意见》和教育部《计划》的智库建设标准，还存在一定的问题和差距。

第一，"高校智库"界定不明，智库运作欠缺独立性。

两办《意见》和教育部《计划》被作为高校智库建设的指导性纲领文件加以贯彻落实，然而这两份文件中都没有对"高校智库"给出细化

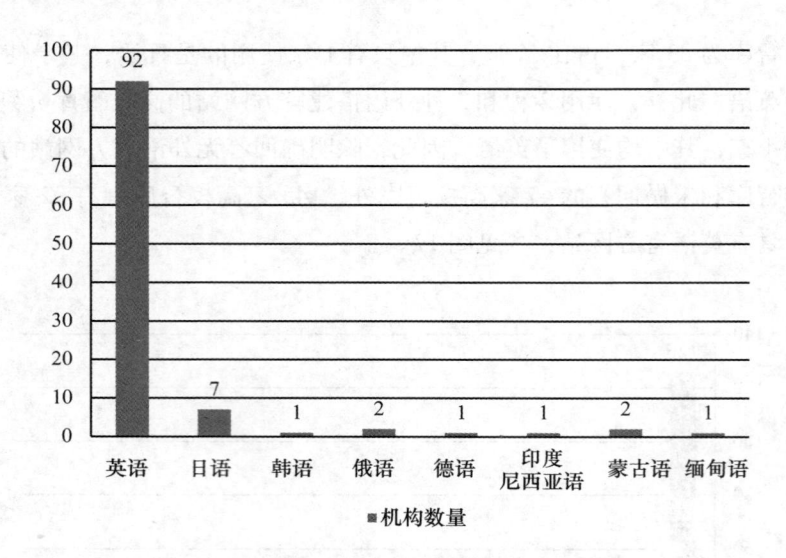

图 17　高校样本智库官方网站使用外语情况

资料来源：项目组绘制。

的界定标准。项目组在前期调研中发现，教育部《计划》下发至今历时三年多，但还有很多高校的科研处、社科处或相关部门的负责人员对于"高校智库"的界定存在认知不清、理解不明的情况。

具体而言，部分高校参考教育部《计划》的指导内容，以既有的协同创新中心或人文社会科学重点研究基地为基础，直接改建或整合相关院系科研机构共建为"智库"，基于高校在组建智库机构时的背景与特色，"一套班子，多块牌子"的情况普遍存在，部分高校智库则是由某专家牵头设立的研究室或中心转型而来，因此高校智库实体法人少，多为虚体科研机构。"一套班子，多块牌子"之下，有效利用各方的平台与网络，便于整合多方资源，多家机构名义下的"人""财""物"交叉共用，便利了人员和基础设施的调配。但与此同时，由于"多家机构并存"，也出现了协同创新中心或人文社会科学重点研究基地欠缺长期发展规划，分工与成果界定不清，学院与机构间相互交叉欠缺独立性等困境。智库泛滥之余，一些高校智库由于不了解该如何承担智库功能，头顶"智库"的牌子，却苦于没有"智库"的产出与贡献，成果不足，甚至是名存实亡。

对于"高校智库"界定不明的问题，既有高校自身对于"智库"认知不足的内在原因，也有智库评价机构在评价过程中，对"高校智库"认定不准的外在原因。例如，项目组在初步整合的四家外部来源数据中，中山大学共有23家下属机构被列入了"高校智库"，经与中山大学科研院以及具体下属机构核实后，项目组发现其中一部分机构的自身定位并非为智库，就像"中山大学中国公共管理研究中心"虽有涉及咨政研究，但自身定位明确不是"智库"，而是以学术研究为导向的"学术机构"。新生事物萌发建设初期，应给予充分肯定与发展空间，但在全力扶持与鼓励的同时，也应勇敢试错，及时纠偏。

第二，人事管理体制不顺。

人才是智库的核心所在，智库人才的不足，特别是高端智库人才的紧缺，是高校智库建设过程中普遍存在的瓶颈。高校智库人才队伍建设问题的根本原因在于高校智库没有专门的智库人员编制，人才引进受阻，只能由教职人员兼任智库工作人员，进而造成高校专职教职人员从事智库研究工作存在身份认定与职称评审问题。

综观国内高校智库的人员结构与科研队伍建设，几乎所有高校智库都没有专门的智库人才编制，而是与教学人员编制共用，即采取协调高校教学人员兼任智库研究人员，辅以外聘校外专家学者和实务人员构成科研团队的模式。高校智库不同于社会智库，其核心主体为教学人员，高校在对教学人员进行考核评价时，更看重国家哲学社会科学基金、自然科学基金等科研项目和学术成果，以及教学任务的完成情况。高校教学人员兼任"智库研究人员"，人事关系仍归所属院系，需要接受院系的考核，教学任务与工作量统计直接挂钩，科研任务和学术成果直接关系到个人的职称评审，而对于高校教学人员兼职完成的智库研究成果的评价则存在认定盲区，各校政策不一，难以调动高校科研人员从事智库研究的积极性。

与此同时，还应该注意在智库运营过程中，行政工作与科研工作之间的矛盾。由于目前高校智库的工作人员基本上都由学校的教职员工兼任，在原有的教学和科研工作之外，一旦被认定为智库，其行政工作也随之相应加大，在缺少科研辅助人员或智库的专职行政人员的情况下，这些教学人员为完成智库研究工作和不断增加的事务性工作，而不得不挤占自己的教学与科研工作的时间和精力，因此，在高校智库内部培养"智库人才"、提升人才素质也存在一定的现实性困难。

此外，还要考虑研究人员在科研成果与智库成果两者间的平衡协调问题。如何把智库成果纳入职称评定和奖励机制中，是我国高校智库面临的普遍问题。

第三，智库经费不足，存在财务困境。

个别高校智库在地方政府投入大量资金支持下，经费较为宽裕，而此外的大部分高校智库都或多或少面临经费不足的困境。高校智库在需要解决经费充裕度问题的同时，作为传统事业单位的内生产物，需要遵守多重的财务要求，出现了有钱难花的困境。以苏州大学东吴智库为例，虽然是在民政局登记注册的民间非营利机构，但因其高校智库的特殊身份，在经费使用方面，除自身的财务管理外，还需要接受校派财务的监管。此外，承接委托研究项目的经费是高校智库的重要资金来源之一，两办《意见》中要求"规范直接费用支出管理，合规合理使用间接费用，发挥绩效支出的激励作用"。但在调研中，项目组发现在项目经费使用过程中，仍然存在对内项目组成员拿不到报酬而没有动力，对外难以支付咨询专家费用，特别是国际专家酬劳，以及智库经费与高校经费之间的协调等问题。

第四，智库成果评价与激励机制尚不完善。

智库人员为政府提供咨询要有激励，成果统计与评价直接关系到智库研究人员的绩效考核与奖励，如何对智库成果加以评价，并基于评价结果给予相应的奖励，始终是智库运作中的难点。

首先是统计数据获取困难。在内部考核评审方面，很多决策建议在上报之后，因缺少获取反馈的渠道，或因研究成果内容涉密等各种原因而无法获取被采纳情况，故而会直接影响对智库研究人员的管理与评价。大多数高校对于没有书面记载、不能公开、无法证明的部分，因无法认定为业绩成果而不做统计。另外，部分高校智库因没有直接的上报渠道，采取将成果统一汇总后，再以学校名义进行上报的方式，然而当中宣部或教育部等相关部门反馈该大学整体的批示和采纳数量时，已不可能再细分出某一家高校智库的具体数量。而另一方面，也存在高校专家个人承接委托研究或以个人名义和渠道上报成果的情况，同样难以纳入智库成果统计。

其次是业绩成果界定困难。一些高校因缺少领军人物，因此常会存在一名专家多重身份，同时兼任几个高校下属智库的机构负责人、课题主持人和主要研究人员的情况，研究人员交叉，成果共享，但在分列各家智库进行业绩统计和成果评价奖励时，则会难以界定。此外，还存在高校智库成果上报渠道所带来的问题。对于智库与非智库高校教师混同完成的集体成果，存在课题负责人以外的其他课题组成员的工作量如何认定的问题。

最后是量化评估困难。在外部考核评审方面，不仅因决策对策类研究成果内容涉密而难以送审，而且与学术类研究成果相比，决策对策类研究成果的同行评价通常较低。各高校对于成果采纳情况还没有出台能够细化执行的评价指标。

第五，高质量咨政成果不足。

当高校的教学人员兼职从事智库研究工作时，可能出现所学专业与智库承接课题之间不一致的情况，同时，还存在高校教学人员与政府政策制定者之间对接不畅的问题。高校智库人员提供的咨政产品不能满足政策制定者的需求，不仅双方的思路不一致，而且高校智库人员撰写的论文与智库的咨政报告在写作风格上有很大差距。高校智库建设初期，因为教学人员不一定擅长写咨政报告，存在被政府采纳了就是智库成果，否则为论文的情况，或是需要擅长写咨政报告的智库专门人才发挥"桥梁作用"，按照领导口味加以改写的情况。在由高校教学人员兼任智库研究人员的模式下，高校智库迫切需要具有专业化素养的高端"智库人才"专职从事智库工作，提升智库的整体能力与质量。

第六，成果报送渠道有限。

高校智库缺少了解党和国家决策需求以及呈报研究成果的渠道。地方高校的成果报送渠道较为有限，大多集中于市委、省委的智库专刊，其他则需要中转上报。如果上下通道不畅通，则会出现专家成果不知如何上报，政府部门无从获取建议的困境。一部分智库与主管部门、相关部委之间有长期的密切合作，因而直报通道多且畅通，例如暨南大学华侨华人研究院、广东外语外贸大学的广东国际战略研究院等。地方高校的智库多以服务地方为宗旨，因此打通地方的成果报送渠道非常重要。例如，浙江大学公共政策研究院的智库品牌成果之一是每年一次的"省长工作评估报告"，该报告可直报省长，渠道畅通，提高了效率也保证了智库自身的独立性。

第七，国际影响力有限。

高校智库发挥自身对外交流的优势，在官方网站的多语种建设、外文期刊的学术成果发表、国际会议的举办和人员的国际交流等多方面都已取得了一定的成果。但高校智库的研究人员在国际媒体上发表政策性观点的数量还比较少，而且能够引起国际关注并产生实质影响的案例现阶段还非常有限。一些高校智库虽与多家国内外知名高校、研究机构或跨国公司建立了紧密合作关系，赢得了稳健的国际后援，然而智库的主要研究人员仍然都是中国学者，缺少国外学者和专家的实质参与。此外，智库对外发布的研究成果只有中文报告和中文网络平台，国际交流也大多仅限于人员的互访和参加会议，国际化合作研究网络还有待完善。

四 参评智库与评价方法

项目组遵循"中国智库综合评价 AMI 指标体系研究"项目 2017 年参评智库遴选七项原则，从 366 家高校样本智库中遴选出 243 家参评高校智库，并按智库所属母体高校的类型以及智库的专业领域，兼顾各类型组别间的权重及体量，组合划分为 9 个小组。

表 36　　　　　　　　　参评高校智库分组表

序号	组别	参评智库数量
1	A 类 –211 高校经济领域	52
2	A 类 –211 高校国际领域	41
3	A 类 –211 高校社会政法领域	53

续表

序号	组别	参评智库数量
4	A类–211高校其他领域	45
5	B类–普通高校经济领域	14
6	B类–普通高校国际领域	11
7	B类–普通高校社会政法领域	6
8	B类–普通高校其他领域	6
9	C类–合作类	15
合计		243

资料来源：项目组编制。

在评价过程中，项目组运用自行研创的"中国智库综合评价AMI指标体系"，采用客观和主观相结合的评价方法，坚持定性与定量相结合的评价原则，主要参考《中国智库综合评价调研问卷（2017年版）》及其相关支撑材料和《中国智库综合评价专家评价问卷（2017年版）》的相关结果，并结合调研访谈和信息采集过程中获得的相关资料。

在AMI指标体系中，针对高校智库的评价在综合各项指标的基础上，会更加倾向于对智库"人才吸引力"，"组织"与"人员"的管理力，"社会影响力"与"国际影响力"几方面二级指标的考察。

五　高校智库入选名单及其评价

项目组运用自行研创的"中国智库综合评价AMI指标体系"开展综合评价后，按比例选取各类参评智库中AMI指标综合表现最为突出的智库，汇总形成高校智库分类入选智库名单，**排名不分先后，按入选智库名称的拼音字母排列。**

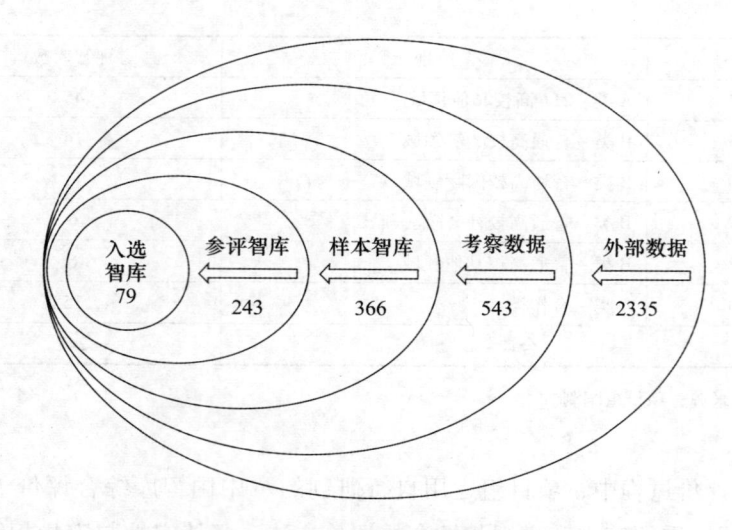

图 15　高校智库评价数据遴选圈层图

资料来源：项目组绘制。

表 37　高校智库 A 类——211 高校经济领域

参评智库：52 家

入选智库：16 家

（按智库名称拼音字母排列，排名不分先后）

智库名称
北京交通大学中国产业安全研究中心
北京师范大学中国收入分配研究院
复旦大学中国经济研究中心
贵州大学中国西部发展能力研究中心
华中师范大学中国农村智库发展平台
暨南大学经济与社会研究院
南开大学经济与社会发展研究院
清华大学中国与世界经济研究中心
上海交通大学中国发展研究院
武汉大学经济发展研究中心

续表

智库名称
西北大学中国西部经济发展研究中心
西南财经大学中国金融研究中心
厦门大学宏观经济研究中心
浙江大学中国农村发展研究院
中山大学高级金融研究院
中央财经大学中国互联网经济研究院

资料来源：项目组编制。

表38　高校智库A类——211高校国际领域

参评智库：41家

入选智库：14家

（按智库名称拼音字母排列，排名不分先后）

智库名称
北京大学国际战略研究院
北京外国语大学公共外交研究中心
对外经济贸易大学中国世界贸易组织研究院
复旦大学美国研究中心
广西大学中国—东盟研究院
兰州大学中亚研究所
宁夏大学中国阿拉伯国家研究院
清华大学国际关系研究院
上海财经大学上海国际金融中心研究院
上海外国语大学中东研究所
同济大学德国研究中心
武汉大学中国边界与海洋研究院
厦门大学东南亚研究中心
浙江大学非传统安全与和平发展研究中心

资料来源：项目组编制。

表39　高校智库A类——211高校社会政法领域

参评智库：53家

入选智库：16家

（按智库名称拼音字母排列，排名不分先后）

智库名称
北京大学国家治理协同创新中心
复旦发展研究院
华中科技大学国家治理研究院
暨南大学华侨华人研究院
兰州大学西北少数民族研究中心
清华大学现代管理研究中心
陕西师范大学中国西部边疆研究院
上海财经大学公共政策与治理研究院
上海大学基层治理创新研究中心
上海交通大学第三部门研究中心
苏州大学东吴智库
厦门大学台湾研究中心
云南大学边疆民族问题智库
中国传媒大学国家传播创新研究中心
中国政法大学法治政府研究院
中山大学国家治理研究院

资料来源：项目组编制。

表40　高校智库A类——211高校其他领域

参评智库：45家

入选智库：14家

（按智库名称拼音字母排列，排名不分先后）

智库名称
北京大学文化产业研究院
北京师范大学首都教育经济研究院

续表

智库名称
北京外国语大学中国外语与教育研究中心
东北师范大学中国农村教育发展研究院
华南理工大学公共政策研究院
清华大学国家文化产业研究中心
陕西师范大学西北国土资源研究中心
上海交通大学高等教育研究院
天津大学中国文化遗产保护国际研究中心
西南大学西南民族教育与心理研究中心
厦门大学教育研究院
云南大学云南生态文明建设发展智库
中国石油大学中国能源战略研究院
中央财经大学国防经济与管理研究院

资料来源：项目组编制。

表41 高校智库 B 类——普通高校经济领域

参评智库：14家

入选智库：5家

（按智库名称拼音字母排列，排名不分先后）

智库名称
重庆工商大学长江上游经济研究中心
广东财经大学国民经济研究中心
南京财经大学现代服务业智库
上海对外经贸大学国际经贸治理与中国改革开放联合研究中心
中南民族大学湖北全面小康研究院

资料来源：项目组编制。

表 42　高校智库 B 类——普通高校国际领域

参评智库：11 家

入选智库：4 家

（按智库名称拼音字母排列，排名不分先后）

智库名称
广东外语外贸大学广东国际战略研究院
国际关系学院国际战略与安全研究中心
上海对外经贸大学国际经贸研究所
浙江师范大学非洲研究院

资料来源：项目组编制。

表 43　高校智库 B 类——普通高校社会政法领域

参评智库：6 家

入选智库：2 家

（按智库名称拼音字母排列，排名不分先后）

智库名称
广州大学台湾研究院
天津科技大学食品安全战略与管理研究中心

资料来源：项目组编制。

表 44　高校智库 B 类——普通高校其他领域

参评智库：6 家

入选智库：2 家

（按智库名称拼音字母排列，排名不分先后）

智库名称
上海师范大学国际与比较教育研究院
首都师范大学美育研究中心

资料来源：项目组编制。

表 45　高校智库 C 类——高校合作类智库

参评智库：15 家

入选智库：6 家

（按智库名称拼音字母排列，排名不分先后）

智库名称
长江教育研究院
清华—布鲁金斯公共政策研究中心
清华—卡内基全球政策中心
武汉大学国家文化发展研究院
浙江大学公共政策研究院
中国南海研究协同创新中心

资料来源：项目组编制。

综合而言，入选高校智库都依托母体高校整合优质资源，积极推进新型智库的体制机制改革创新，特色鲜明，注重对外传播与国际合作。

第一，深化体制机制改革是推动高校智库创新发展的根本保障。

入选智库及其所属高校都积极推进新型智库的体制机制改革创新，从学校层面明确规定各智库型研究机构要以服务地方及国家战略需求、具有较大国际影响为智库建设目标，创新体制机制，建立适应智库特征的管理体制和运行机制；逐步推进成果评价和激励机制的创新与制度化；明确要求各高校智库加强与地方及国家相关党政机关的沟通联系，推进政府、学校、社会三方合作，紧密围绕国家战略需求，顺应国家发展战略，制定中期和年度科研规划，理论与实践相结合，国情与省情相结合，引导智库以问题为导向，开展专业性、对策性、前瞻性、战略性研究，不断增强决策影响、社会影响和国际影响。

第二，整合优质资源、完善配套投入是推动高校智库创新发展的重要基础。

高校以 2011 年协同创新中心和人文社会科学重点研究基地建设为抓手，整合优质资源，重点打造一批国家级智库，成立专门的智库管理机构以强化智库建设与管理，统筹全局，协调配置并整合各方资源，提高资源使用效率，合理组织校内外专家开展合作研究。例如，中山大学在2015年智库建设起步初期，即明确将粤港澳发展研究院、国家治理研究院、国际问题研究院三大智库作为实体性研究机构加以建设，并将与高端智库建设有关的校级研究机构和重点研究基地整合并入相关的智库型研究院。对于每个智库型研究院，学校配备3—5个行政办公人员和1000平方米的办公场地，并每年提供不超过1000万元的建设经费。又如，苏州大学整合全校文科优质资源，重点建设东吴智库，拥有明显的综合性比较优势，打破院系行政壁垒和学科学术壁垒，构建合作平台，打造高校智库品牌。苏州大学东吴智库在得到苏州市政府的高度重视与每年合计900万元的经费资助的同时，高校自身也投入相应的配套资金。

第三，学科积累与专业化特色建设是推动高校智库创新发展的关键因素。

智库的咨政研究成果，特别是对于突发事件的应急对策方案的提出，需要基于智库的长期关注和学科积累，智库与科研机构不能完全分开，只有依托学科建设，才能保证长期发展。

"人才"与"数据"是智库生产高质量咨政成果的核心要素。入选智库都围绕内政外交等重大问题，重点建设了一批社会调查、统计分析、案例集成等专题数据库。例如，广东外语外贸大学广东国际战略研究院自建了"海上丝绸之路专题数据库"，上海外国语大学中东研究所自建了"中东研究数据库"，苏州大学东吴智库自建立"中国城市发展智库平台"数据库，广西大学中国—东盟研究院自建了"中国东盟全息数据研究与资讯中心平台"数据库，暨南大学华侨华人研究院拥有8个涉侨自有数据库，福建师范大学印尼研究中心自建了"印尼法律法规数据库"，宁夏大学中国阿拉伯国家研究院自建了"阿拉伯研究数据库"，东北师范大学中国农村教育发展研究院自建了"农村教育统计库"等多个数据库。

第四，国际交流与合作是推动高校智库创新发展的外在合力。

重点建设一批全球和区域问题研究基地，推动高校智库与国外一流智库建立实质性合作关系，建立海外中国学术中心，支持高端智库参与和设立国际学术组织、举办创办高端国际学术会议。例如，中山大学国际问题研究院围绕国家"大国外交"的战略目标以及"海上丝绸之路"的战略布局，以中山大学传统优势领域东南亚研究为基础，重点加强"海上丝绸之路"的国际问题研究及国别研究，同时利用现有基础，开展其他区域的国际问题和国别研究。再如，广东外语外贸大学下属的广东国际战略研究院瞄准国家重大战略和区域发展的重大需求，于2014年全面启动"国别和区域"新兴交叉学科建设工作，2017年以"21世纪海上丝绸之路问题交叉研究"学科为支撑的21世纪海上丝绸之路与区域创新国际战略研究中心获批为教育部战略研究基地，这是华南地区首家获批为教育部战略研究基地的研究机构，也是省属院校中唯一入选建设单位。

外语类高校比如北京外国语大学在推进高校智库建设工作中，关注已有重点基地的转型问题，按照教育部《计划》的要求，重点建设了一批全球和区域问题研究基地，包括北京外国语大学公共外交研究中心、日本研究中心、加拿大研究中心、中东欧研究中心，以及北京外国语大学国际中国文化研究院等。

还有在国别和区域研究方面具有特色的高校智库，例如广西大学中国—东盟研究院是结合国家及政府在"一带一路"建设中的实际需要建设的广西特色新型高校智库，福建师范大学印尼研究中心以建设成为有区域特色的国别化研究机构为目标等。

六 对高校智库未来发展的建议

党的十八大以来，在两办《意见》的指导下，教育部通过出台《计划》、推动教育部人文社会科学重点研究基地转型升级、创办《高校智库专刊》、指导举办"中国大学智库论坛"等一系列重大举措，在高校智库建设上谋篇布局，成效明显，各地高校高度重视智库建设，加强顶层规划与统筹协调，紧抓智库建设机遇，积极推进智库建设，发挥高校独特优势，积极为党和国家科学决策提供高水平智力支持，为国家重要战略决策做出了贡献。高校智库在未来的建设与发展中，应重点关注以下几方面。

第一，加强顶层设计，合理统筹规划，完善智库建设支撑体系，建立适合高校智库发展的内外部环境，为高校智库建设提供制度支撑。

首先，明确高校智库机构的定位，既不是简单地向政府建言献策的机构，也不是政府下属的政策研究室，而应是具有自身的独特优势，也具有一定的研究独立性的机构，与其他单位的智库之间存在一定的互补。为此，高校应引导院系下属智库机构尽可能作为实体性研究机构加以建设运作，而非简单地挂靠于某一个院系之下，对每家智库机构都明确规定人员编制、建设经费及其他配套性基础设施，给予人财物各方面的大力支持。为加强智库的建设成效，学校根据智库的规划目标和预算绩效，以科研成果为基础，以决策影响、社会影响、国际影响为重点，定期对智库进行绩效评估考核与绩效管理，并以此决定下一年的资助经费。对校内其他未被认定为智库的机构，也应给予重视，避免对这些学科建设产生影响和干扰。

其次，高校要充分发挥自身独特的优势，以良好的学术传统和深厚的学术积累、齐全的学科、雄厚的实力，打造一支高校智库专家队伍，设立一批专项智库培育项目和智库建设经费，给予配套支持，建立高校智库研究成果发布与对接平台，开通报送直通车，为高校智库建设奠定坚实的基础。

最后，在校级层面构建智库体系化建设模式，提升新型智库质量，构建小机构大网络，整合全校优质资源，打破高校学科壁垒，打造高校智库的特色自有品牌和数据库，提升国内外影响力。

第二，推进智库政策决策类研究成果和高校人才的双重评价体制改革，为高校智库的可持续发展提供主体保障。

高校可将智库的政策决策类研究成果与决策研究活动纳入学校科研评价体系，制定政策决策类研究成果以及决策研究活动的评价标准，并将政策决策类研究成果评价标准与学术论文的评价标准相对应，改变过去政策决策类研究成果没有评价标准以及咨政成果不受重视的情况。

学校要鼓励教职人员从事智库工作，就应将其作为智库工作人员所取得的业绩成果合并纳入到业绩考核评价体系中。只有从体制上加以理顺，才能解决高校智库对教学、政策研究和基础研究的区分问题，实现三者的"有机统一"。评价是引导智库发展的指挥棒，对于智库成果和高校人才的评价制度将引导高校教师合理分配投注在教学、科研和智库工作上的精力，既要提升高校教师对于智库决策研究的重视度，又要避免智库工作一味迎合相关政策部门的短期需求而忽视了问题导向。

在职称评审中，要注意消除学科保护的阻力，推进不同专业领域与学科间的平衡，引导评审专家对于咨政研究成果的认可与心理接纳。力求形成以基础学科支撑智库开展应用研究，以智库推动基础研究和学术研究成果推介的良性循环，推动智库建设与学科建设的互动。

通过实地走访调研，项目组发现，有一些高校和地方智库管理部门已经走在了前面。例如，中山大学、暨南大学、苏州大学、天津大学等。天津市教委更是在《天津市高校智库建设实施方案》中明文规定，要求"将高校智库建设工作纳入高校领导班子年度考核内容，将高校智库研究成果作为教师业绩考核、评优晋级的重要依据"，咨政研究成果纳入教师职称评审已被作为天津市评定高校智库的基本条件。制度设计需要实践的检验，在相关制度制定出台后，还要强化其落实与实施。

第三，完善成果发布与转化机制、激励机制、人才培养机制，助力高校智库提升政策决策研究与咨询服务质量。

首先，高校智库要加强其对外传播能力和话语体系建设，提升高校智库的国际竞争力和国际影响力。高校智库应强化咨政作用与社会责任，完善成果转化与对接机制，提升智库的社会服务能力。同时，高校智库应具备国际视野，充分发挥高校智库"社会接纳度高"和"多语种应用"的优势，在塑造自身鲜明特色的同时，要加强成果的对外宣传与传播，构建从学科支撑、平台支撑到成果发布的智库链，积极利用公共媒体发布智库成果，适时向公众发布研究观点，传播主流思想价值，发挥高校智库引导社会舆论的积极作用。

其次，为加强高校智库建设，应明确设立决策类研究成果的奖励机制，完善激励支持机制，配套专项经费，提升政策决策研究与咨询服务水平。例如，区分专报和要参等不同类型的稿酬，按批示、采用、转化的不同级别不断细化加以奖励，规定相应的奖励政策，并及时兑现，通过单项奖励和多重叠加奖励，鼓励高校教职人员参与智库政策咨询与研究工作。为便于执行，同时在各院系间达成平衡，学校可先对院系做综合评价，将奖励额度划拨给学院，并规定在奖励中加入智库咨政成果部分的指标权重，智库成果在个人绩效中的占比各院系不同，具体权重设置可下放给各院系，根据院系领域的不同，设定智库成果权重，制定各自的分配办法。

在建立健全激励机制时，要充分基于"智库"作为一个整体的运行特点，构建以包括管理人员、科研辅助人员、行政人员在内的全体智库工作人员为对象的岗位差别化多层次激励体系，制定相应的具有可操作性的奖励办法。

此外，高校及其上级管理机构还可针对高校智库的政策决策类研究成果设立评奖机制，对于获奖的优秀咨政类研究成果加以表彰鼓励，并给予相应的资助支持。

最后，高校智库应加强智库人才队伍建设，建立人才培养机制。智库人才与学科人才有一定差异，在人才引进环节，应为"智库人员"设置专门的编制，不断充实高校智库的科研队伍，强化智库管理与运营团队。高校智库在不断吸收新生力量的同时，还要积极培养并储备下一代决策咨询人才。

高校智库应大力推动人才在智库与党政机关之间的有序流动，在高校与党政部门之间建立"双向挂职机制"，鼓励并支持高校智库专家到党政部门、社会组织挂职任职，从事政策研究和咨询服务工作。让高校的学者走进田野开展实地调查，让党政部门管理人员进入高校智库，指导学府的智库人员了解政策决策机制，提高智库管理水平，党政部门人员从智库带回第一手资料，促进学界、政界和业界精英的人才交流。

（中国社会科学评价研究院　胡薇）

企业智库分报告

一 考察数据与企业智库概念界定

中共中央办公厅、国务院办公厅印发的《关于加强中国特色新型智库建设的意见》(以下简称《意见》) 中明确将 "企业智库" 作为一个整体概念提出，并且给出了进一步的说明是 "**支持国有及国有控股企业兴办产学研用紧密结合的新型智库，重点面向行业产业，围绕国有企业改革、产业结构调整、产业发展规划、产业技术方向、产业政策制定、重大工程项目等开展决策咨询研究**"。由此可见，中国特色新型企业智库队伍的主体应当是由国有及国有控股企业兴办的。但近年来，随着大数据、互联网经济的腾飞，以 BAT 为代表的民营互联网公司的蓬勃发展在推动技术创新和产业革新方面的重要作用不容忽视。因此，本报告在对 "企业智库" 的概念界定中将范畴适当放宽：" **由国有或国有控股企业，以及具有代表性的民营企业兴办的产学研用紧密结合的新型智库机构。**" 即需要满足此范畴的同时也要符合《意见》中对新型智库的五大定位和八项基本标准。鉴于中国特色新型智库主要是以境内力量兴办的，因此外资企业主导的智库暂不纳入本项目的评价研究范畴。

本报告在 "企业智库" 的 "考察数据" 筛选过程中同样参考了 (1) 社会科学文献出版社出版的《中国智库名录》2015 年版和 2016 年版所收录的智库名录；(2) 上海社会科学院编制的 2016 年和 2017 年《中国智库报告》主观问卷的 "智库备选池"；(3) 四川省社会科学院、中国科学院成都文献情报中心联合组建的中华智库研究中心 "智库影响力排行榜" 项目组编制的 2016 年和 2017 年主观问卷的 "智库评价列表"；(4) 南京大学中国智库研究与评价中心和光明日报智库研究与发布中心合作研发的 2016 年 "CTTI 来源智库" 四家外部数据库资源。在从总数为 2335 条的 "外部数据" 基础上进行企业智库备选池筛选时，首先要明确以下三方面的判断依据：

（1）企业智库不一定是企业法人。企业智库可以根据需求独立注册企业法人资格，也可以作为企业内部的一个机构或部门而存在。但为了保证智库思想的独立性，将智库注册为企业内具有独立法人资格的机构更加符合未来的发展趋势。

（2）企业智库的最终目标是服务于党和政府的科学民主依法决策。与其他几类智库不同，企业智库在新型智库五大功能定位之外，还需要为所属企业自身提供研究和咨询服务。如图 19 中智库产生影响的圈层由内及外，但如果仅局限在对企业圈层的影响，那就不能被认为是新型企业智库，而只能算是企业内部的咨询机构。

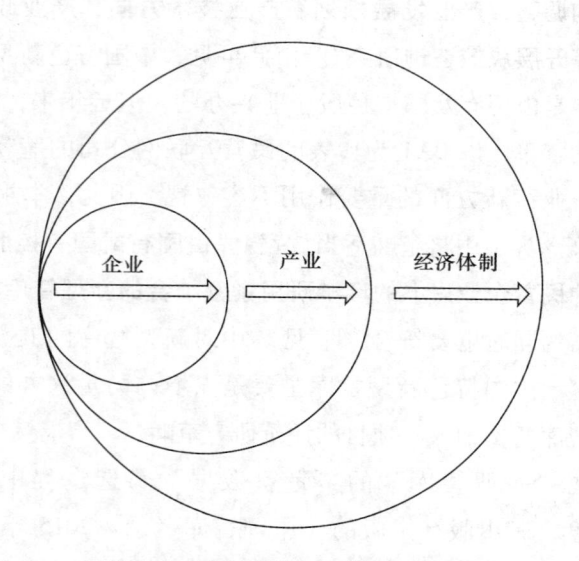

图 19　企业智库发挥影响的圈层结构图

资料来源：项目组绘制。

（3）同一企业可以根据自身特点采取不同的企业智库设置形式。无论是国有企业还是民营企业，目前业务领域覆盖多个行业产业且都取得突出成绩的代表有许多。如果在自身能力许可的范围内，且有分领域、分产业设置机构的需求，同一母体企业下可以采取一个综合型企业智库下设不同研究部门的形式，也可以采取兴办多个专业型企业智库的形式。

但目前由于企业智库在国内的发展还不成熟，一个企业下设一个智库的情况比较普遍。

依照上述标准，项目组在进行智库备选池筛选时主要根据企业性质进行分类：

(1) **中央企业智库**：中央企业全称为"中央管理企业"，经过多年持续重组整合，截至2017年，中央企业共有133家。根据产权属性和管控主体，可以将央企大体分为三类：实业类中央企业、金融类中央企业和其他部门管理的中央企业。2016年5月由国务院国有资产监督管理委员会（以下简称国资委）研究中心和各中央企业智库共同组成的中央企业智库联盟在京成立，首届联盟由第一批26家和第二批29家，共55家理事单位共同组成，并选举国家电网公司为首届理事长单位。结合目前的申报名单以及项目组通过央企官方网站采集的部分有代表性的智库机构，被纳入到本项目的"考察数据"中的隶属于智库联盟理事单位的机构数有73家。

央企联盟主要涉及的是国资委管理的企业范畴，而由银监会、保监会、证监会管理的金融类企业，以及国务院直属管理的正部级企业还没有纳入其中。在此项目组将国有银行、国有政策性金融机构和以改制后的中国铁路总公司为代表的正部级中央企业中的智库机构也纳入到"考察数据"的备选池中。包括四大国有银行的金融研究机构（如中国银行国际金融研究所、中国工商银行城市金融研究所等）、国家开发银行研究院、中国铁道科学研究院6家。

(2) **地方国有企业智库**：与中央企业相对应，地方国有企业是地方政府机构出资兴办的，对维持地方经济的发展和社会的稳定具有不可替代的作用。因此地方国有企业兴办的智库也必然在服务地方党政部门科学民主决策，以及反映地方发展特色方面具有重要意义。但这一类智库目前项目组获得的信息资源还比较少，仅有首钢发展研究院、重庆国际投资咨询集团有限公司2家，希望能借此报告吸引更多的地方国有企业智库加入到我们的智库评价研究工作中来。

(3) **民营企业智库**：在这一类智库群体中，最为活跃的便是互联网企业下设的研究院，除了 BAT 企业之外，比较活跃的还有滴滴出行旗下的滴滴研究院，依托于房天下控股业务获得的数据资源而建立的中国指数研究院等，可谓涉及百姓衣食住行的方方面面。金融行业的企业智库表现相对也比较突出，例如中国民生银行旗下的中国民生银行研究院，以及新兴 O2O 行业的苏宁金融研究院等。此外还有一些活跃在各行各业的表现突出的民营企业基于自身的专长和社会责任意识建立的智库机构，例如华夏幸福城市研究院、东开投资研究院等。目前被纳入到"考察数据"中的民营企业智库有 15 家。

（4）**媒体智库**：项目组对这一类智库的界定仍然是基于其母体机构的属性，即本报告中的媒体智库是媒体与智库有效结合的产物，由一些主流媒体创办的智库机构。对于那些研究领域涉及新闻传播、舆情信息的智库机构，项目组会基于其组织性质进行划分。媒体智库具体可以依托于报纸杂志，例如 21 世纪经济研究院是依托于南方报业集团下的《21 世纪经济报道》而建立；也可以依托于新闻网站和卫星电视，例如人民网研究院便是依托于人民网而建立；凤凰国际智库是依托于凤凰网和凤凰卫视而建立；还可以依托于综合性的传媒集团，例如第一财经研究院便是依托于第一财经这一集合了电视、日报、广播、周刊、网站等的品牌最为完整的财经媒体集团而建立，封面智库则是依托于主打综合新闻手机客户端的封面传媒互联网科技公司而建立。鉴于在事业单位改革的大潮中，自 2009 年起，国内杂志社、新闻网站的转企改制工作便已经全面铺开，发展至今已基本步入正轨。因此无论媒体智库依托的母体机构具体类型如何，其基本都是以企业法人进行登记注册。目前国内媒体智库的数量有限，在本报告中仍主要基于其机构的法律属性，作为企业智库中的一个特殊群体进行分析。这一类智库在"考察数据"中共有 21 家。

（5）**企业咨询类机构**：除上述四类外，"外部数据"中涉及的有 12 家机构比较特殊，它们都具有独立的企业法人性质，且在机构定位上更加倾向于咨询公司，即主要为企业的发展战略和管理运营提供数据支持和咨询服务；但与此同时也具有成为智库的潜力，在其业务领域中兼具一些为政府决策服务的板块。咨询公司与智库最重要的一条边界在于如何对待公共政策：对于咨询公司而言，公共政策是一种既定环境，在已有的政策环境下为所服务的对象提供咨询，帮助其解决管理、经营以及其他决策性问题；而对于智库而言，公共政策是其主要研究对象，旨在发现现有政策中的不足，并提出解决建议；发现未来可供推进经济、社会健康发展的政策空间，并提出规划方案。其次，咨询是以客户利益至上，提出的方案不一定是从公共政策分析角度而言的最佳方案，但一定是适合所服务客户的最佳方案；而智库肩负的是为科学、有效决策提供智力支持的责任，要实现公共政策和政府工作的合理衔接。因此，这一类机构应尽快明确自身定位。本报告更加倾向于将其定位在咨询公司的范畴，因此不将这类机构纳入智库评价研究的"考察数据"之中。

综上，经过初步的分类筛选和增减，项目组将得到的117家智库机构组成本报告的企业智库"考察数据"。

二　样本智库与发展现状分析

与社会智库类似，基于企业智库的"考察数据"，项目组首先进行了机构信息的采集和整理，尽可能全面地获得各家机构的联络信息。然后向各家机构通过实地走访、电子邮件和信件邮寄的形式发放了调研问卷，邀请其参与到国内智库综合评价项目中，并对明确表示自身定位不是智库的机构和决定今年暂不参评的智库机构都进行了记录。经过实地调研、专家访谈、学术研讨等形式，项目组逐渐将智库属性不强、无法取得联系且资料信息匮乏的机构剔除，进而得到关于企业智库的"样本智库"数据，共69家。需要说明的是，对于央企智库联盟而言，每家理事单位原则上推荐所在企业的1家具有典型性和代表性的智库机构加入到联盟中，项目组在"样本智库"的筛选过程中也同样依照这一原则，对于联盟理事单位推荐的部分智库属性较弱，发展不完全的机构，在此次评价项目中暂时将其剔除，55家理事单位共保留了27家智库机构。

针对"样本智库"中的机构，项目组将央企智库和地方国有企业智库合并为"国有企业智库"，因此 69 家企业智库可以被划分为三大类，且将此作为本报告评价分析的依据：

第一类：国有企业智库；

第二类：民营企业智库；

第三类：媒体智库。

无论是从 25 家首批国家高端智库建设试点单位的组成结构来看，还是从近两年国家对智库的政策支持导向来看，企业智库都是相对处在"弱势"的一个群体，这与其目前的发展现状不无关系。

在国内的智库大军中，专业性智库和企业智库是两大类普遍拥有上级母体机构的智库，在中央大力推进中国特色新型智库建设之前，这些机构大多已经作为母体的下设机构而存在。近年来在国内智库建设事业蓬勃发展的大环境下，母体机构为适应这一潮流，响应国家号召，需要挑选合适的机构，并帮助其实现向智库转型。鉴于专业性智库多依托于高校、部委和科研机构建立，其无论在研究能力还是在成果的智库属性方面都天然地占据优势。而就企业智库而言，之前多是母体企业下的子公司或研究部门，职责多是为企业的经营发展和战略决策服务，在向智库转型的过程中无疑存在更大的困难。

因此，在中国特色新型智库建设工作开展的最初这段时间内，相较于其他几类智库而言，企业智库经历的阵痛期预计会更长，过程也会更曲折。综合来看，目前国内企业智库发展现状可总结为以下方面。

（一）智库间发展差距较大

企业智库的建立、发展和转型通常是双向选择的结果：一方面离不开母公司的战略性和前瞻性决策，选择合适的机构进行转型升级；另一方面也离不开被选择对象本身的有效配合和自主发展。在这一过程中，智库机构之间的差距目前体现得较为明显。

在国有企业智库中，企业母体多选择原有的研究院作为向智库转型的重点培养对象。以已经入选国家高端智库建设试点单位的中国石油集团经济技术研究院为代表，这一类机构中表现比较突出的大多具有较长的发展历史，在所在行业的趋势分析和策略研究方面已经取得了较大成绩，做出了积极贡献。中国石油化工集团公司经济技术研究院、国网能源研究院、中信改革发展研究基金会等机构都具有类似的特点。这类机构由于定位一直是所在企业的决策咨询服务机构，实现向智库转型，只需将这一定位进行拓展，将使命放眼于为整个行业产业，乃至经济体制的科学发展提供咨询服务，且同时在时间范畴上更具前瞻性和预测性。近两年，这类机构已经基本完成了向新型企业智库的转型升级，在此类型的智库中起着排头兵的作用。与此同时，部分国有企业却仍面临着难以选出合适的机构向智库转型发展的困境，尤其是技术性较强的企业，其下设的研究机构多是专注于提供科研技术支撑，而非咨政建言。无论是在研究人员的专业化训练，还是整个企业的软硬件支撑方面都并非长项，企业智库在这样的环境中建设和发展的困难程度可想而知，与已经完成转型的智库存在较大差距。

在民营企业智库中，互联网企业的优势非常突出。这一方面与其拥有宝贵且海量的数据资源有关，另一方面也与其具灵活性、开放性、创新性的企业氛围有关。这样的企业做智库一方面可以脚踏实地地通过数据分析获得大量的一手信息，进而为决策者提供支撑；另一方面也可以仰望星空地进行一些前瞻性、创造性的研究，为预测未来打开思路。与此同时，互联网企业在各种分析技术的应用方面也走在时代的前列，大数据、人工智能在中国的发展都离不开互联网企业的引领。2017年1月7日，由阿里研究院主办的"远见2046——第二届新经济智库大会"便凸显了民营企业智库在引领科技时代潮流，提出"颠覆性、挑战性"见解方面的优势。此外腾讯、百度、京东等知名企业旗下的研究机构也在迅速实现向企业智库的转型。但与此同时，国内大部分民营企业还没有建立智库的意识和概念，许多行业都亟待拥有代表性的、领先的智库机构来发声和献策。

在媒体智库中，智库的影响力和知名度基本与其依托的媒体息息相关。目前相对比较活跃的几家媒体智库，究其源头仍是国内广为人知的几家传统的主流媒体在主导，例如《人民日报》、凤凰卫视、第一财经等。地方性媒体、新媒体主导的智库机构还有待进一步发展，封面智库等机构在这方面做出了有益的尝试。

（二）智库属性和功能发挥较弱

企业智库肩负着为企业的战略决策和业务发展提供智力支持的重要责任，但与此同时更重要的是需要服务于党和政府的科学民主依法决策。目前国内的企业智库仍主要停留在作为所在企业的咨询机构的层面，智库属性还体现得不够突出。

在国有企业智库队伍中，中央企业智库联盟起到了一定的枢纽作用。国资委可以通过联盟将一些决策者关注的议题转达给各企业智库，让其发挥在行业中的领导者和实践者的优势，承接相关课题，推动建言献策这一智库属性的实现。与此同时在各行业中，代表性的央企和国企也拥有一些与相关部委自主联系的渠道。例如，一些大型垄断能源企业便与国家能源局、发改委等有着密切的联系。

相比之下，民营企业智库无论在功能发挥还是咨政渠道方面都远不及国有企业智库。这首先与民营企业的营利压力密切相关。在激烈竞争的市场环境中，民营企业有着巨大的生存压力，因此是否有足够的资金和理由去建立智库是一个民营企业首先要权衡取舍的问题。即使建立了智库机构，其研究工作的开展首先是为企业的业务开展和战略决策服务，为企业获得更大利润服务也无可厚非。因此民营企业智库都面临着在服务于企业自身业务和发挥智库功能之间如何平衡的困境。

媒体智库在这方面的问题则更多地体现在研究成果方面。鉴于其母体机构的媒体属性，国内的媒体智库目前还主要停留在刊载各类专业研究机构的研究成果，或者是以采访报道相关领域专家的方式来产出智库成果，原创类的、研究型的成果较少，更多的是事实情况的汇总和陈述，成果的理论性和思想性较弱。

综上所述，企业智库目前在国内的发展还处在起步阶段，大致的类型划分和领域细分已经基本成形，但要建成具有重要影响力的、具有完备智库功能的、具有中国特色的新型企业智库体系还需要各类型企业母体的大力支持和共同努力，需要目前已有的企业智库机构的积极发展和主动推进。

三 参评智库与评价方法

正如总报告中提及的，此次"中国智库综合评价AMI指标体系研究"项目暂不将25家首批国家高端智库建设试点单位纳入到"参评智库"中；此外，经过实地走访和电话、邮件调研，项目组尊重部分不参与此次评价项目的智库的选择。在企业智库样本数据的基础上项目组剔除了上述两类智库机构之后，保留了54家作为此次项目的"参评智库"数据。其中"国有企业智库"32家，"民营企业智库"7家，"媒体智库"15家。

在评价过程中，项目组依托于自行研创的"中国智库综合评价AMI指标体系"，采用客观和主观相结合的评价方法，坚持定性与定量相结合的评价原则，主要参考《中国智库综合评价调研问卷（2017年版）》和《中国智库综合评价专家评价问卷（2017年版）》的相关结果，并结合调研访谈和信息采集过程中获得的相关资料。

在AMI指标体系中，在综合各项指标的基础上，企业智库的评价会更加倾向于对智库"人才吸引力""战略、组织、系统、人员的管理力""政策影响力"几方面二级指标的考察。

四 企业智库入选名单及其评价

入选名单中所列的企业智库是在每一类"参评智库"中AMI总分排在前列的，表现最为突出的特定数量的智库机构，排名不分先后。

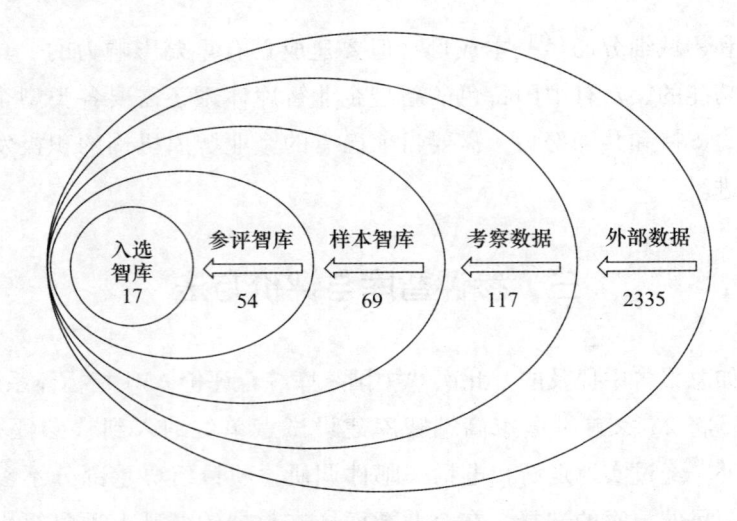

图 20　企业智库评价数据遴选圈层图

资料来源：项目组绘制。

表 46　国有企业智库

参评智库：32 家

入选智库：10 家

（按智库名称拼音字母排列，排名不分先后）

智库名称
国家电网公司国网能源研究院
国家开发银行研究院
神华集团有限责任公司科学技术研究院
中国电子科技集团公司发展战略研究中心
中国核工业集团公司中国核科技信息与经济研究院
中国能源建设集团有限公司电力规划设计总院
中国石油化工集团公司经济技术研究院
中国移动通信集团公司研究院
中国银行国际金融研究所
中国中信集团有限公司中信改革发展研究基金会

资料来源：项目组编制。

表 47　民营企业智库

参评智库：7 家

入选智库：2 家

（按智库名称拼音字母排列，排名不分先后）

智库名称
阿里研究院
腾讯研究院

资料来源：项目组编制。

表 48　媒体智库

参评智库：15 家

入选智库：5 家

（按智库名称拼音字母排列，排名不分先后）

智库名称
21 世纪经济研究院
第一财经研究院
凤凰网国际智库
封面智库
人民网研究院

资料来源：项目组编制。

结合进入榜单的 17 家企业智库的特点，我们可以将企业智库在发展过程中值得借鉴的经验概括为以下三个方面。

（一）平台是基础

在国内的新型智库体系中，企业智库是在应用先进技术手段，推动研究和管理的科学化、智能化发展方面表现最为突出的一类。打造平台是企业智库较为普遍关注的工作之一，平台是信息收集的基础，是整合资源的渠道。例如，中国石油化工集团为整合研究资源、加强工作的协同，提升综合研究能力，研发了十二大工作平台，集工作协同、数据系统、模型计算、分析报告于一体，提高了研究工作的总体水平和服务于部门工作的功能。BAT三大互联网公司分别依托于自身独特的开放平台：百度搜索平台、阿里零售平台和腾讯社交平台获得海量的用户数据信息，作为智库研究的基础。媒体智库更是善于通过其依托的媒体平台发布成果，进行宣传，提升影响力；尤其是近年来自媒体平台的开发和应用也成为各智库着力打造的焦点；此外舆情监测类平台的建设、应用和推广也成为媒体智库区别于其他类智库的一个重要方面。

（二）数据是王道

通过各类平台获取的各类数据是智库最为宝贵的资源，企业智库在此方面有着得天独厚的优势，与企业主营业务及所处行业相对应，企业智库可以拿到相关领域的大量一手数据资料。

国有企业的业务大多是分布在关乎国家安全和国民经济命脉的重要领域，尤其是大型能源企业、军工企业、金融企业等。这些企业手中掌握的大量数据不仅重要，而且大多具有涉密性。如何储存、整理、统计、分析这些数据是国有企业及其智库机构需要着力关注的方面。例如，国家电网公司的经营区域覆盖国土面积88%以上，下设的分公司分布在26个省、自治区和直辖市，其手中掌握的各省份、各地区的用电数据是其他智库和研究机构望尘莫及的。类似的，其他垄断型国有企业掌握的石油、煤炭、钢铁、有色金属等各个领域的相关数据基本支撑起了对中国能源产业的发展现状和未来走向的研判。与此同时，军工、通信、航空、金融等领域的国有企业也都在各自所处的行业产业内占据着重要的位置，自然也掌握了海量的关键数据。未来究竟这些企业能否都建立起高质量的智库机构，能否将这些数据有效利用，为推动整个产业，乃至国民经济的发展提出建设性的意见和建议，是国有企业智库努力的方向。

与国有企业的产业数据不同，民营企业智库手中更加宝贵的数据资源在于用户数据，且就目前大数据产业发展的现状来看，民营企业基本已经涵盖了普通百姓衣食住行的方方面面，其获取的数据的客观性和珍贵性可想而知。在数据应用方面，以BAT为代表的互联网企业已经将此体现得淋漓尽致，占有了数据，便占有了话语权。用数据说话成为当今时代研究和论证的重要趋势，许多其他类型的智库机构都希望能与BAT研究院合作进行研究，归根结底是希望能获得对其手中数据的使用权限。与此同时，以滴滴研究院、中国民生银行研究院等为代表的民营企业智库也都活跃在其他关乎国计民生的重要领域，为各个行业的研究贡献着资源和力量。各领域的民营企业在此要有充分的自信，深入发掘手中掌握的宝贵数据资源。

对于媒体智库而言，数据也是其生存的王道。对于舆情数据的收集、监测和分析是媒体智库最为擅长的领域。如何在第一时间对社会舆情进行有效的监测、研究和引导是各级党政机关、企事业单位和学术机构都越来越重视的方面。尤其是近年来互联网的飞速发展使网络舆情得到了人们的关注，与传统的社会舆情不同，网络舆情具有大规模、突发性的特点，且传播迅速。媒体智库借助其母体机构拥有的各种载体可以全方位、多角度地捕捉到散布在各类媒体平台上的网络舆情数据。整体来看，国内媒体智库的研究能力还有待进一步加强，如何科学有效地归类和分析其手中的数据，及时准确地甄别出其中的异常情况，并能够在第一时间反馈到有关决策部门，是国内媒体智库亟待突破和努力的重要方向。

（三）资金是保障

财务独立是思想独立和研究独立的前提，企业智库在资金保障方面相对稳妥，企业母体的盈利可以持续支持智库的发展；与此同时，智库也肩负着为企业的战略决策和业务发展提供智力支持的重要责任。这一点国有企业智库的建设更具有体制内的特征，即更多是出于完成代表所在行业向决策部门提供咨政建言的使命。但对于民营企业而言，鉴于智库本身的非营利性，是否有必要将企业收益的一部分用于智库建设，需要经过一番权衡取舍。对于企业而言，业务的开展是"必需品"，智库的研究却不是。业务线的保证是需要解决眼前的问题，但智库的研究则更多关注于长远的打算，如何处理二者之间的矛盾，需要企业决策者的智慧。2007年成立的阿里研究院在这方面便思考得非常清楚，研究院是服务于整个阿里的生态系统,其研究与集团业务相比是"奢侈品",因此要做出奢侈品的价值。十年来,研究院秉承这一定位取得了一系列的重要成果,这值得其他仍处在起步阶段的民营企业智库加以借鉴。媒体智库也面对着与民营企业智库类似的选择困境。因此,如何处理好业务与研究,企业盈利与智库发展,现实与理想之间的关系,是企业和企业智库在发展过程中需要持续思考的问题。

五 对企业智库未来发展的建议

企业智库目前在国内的发展还主要停留在"企业的智库"这一层面,甚至部分企业母体还没有认清究竟什么样的机构是智库。前方的路还很长,未来的发展还需要各参与主体找准定位,共同努力。

(一)对于企业母体而言,需要着重思考两个层面的问题

第一,是否要建立企业智库。智库之于企业并非是必需品,企业可以根据自身主营业务的发展情况、在行业产业中的位置、可以获得的资源等几方面的因素综合考量,判断自身是否有建立智库的需求和能力。第二,以怎样的方式建立企业智库。如果企业母体做出了建立智库的决定,那么究竟是挑选企业原有的研究咨询机构进行转型,还是组建一个全新的智库机构,不同的方式需要企业结合自身的实际情况做出合理选择。如果原有的研究咨询机构已经承担了一定的智库功能,那么转型过程中一定要找准企业智库的定位,保持自身的纯粹性和独立性,尤其是那些选择内部不具有独立法人资格的研究室、咨询部等进行转型的企业,要把握好智库的独立思想与企业母体的主导之间的关系;如果是从0到1地组建智库,那么企业母体更应当清楚地把握智库在整个企业组织结构中所处的位置和承担的责任。

(二)对于企业智库自身而言,智库应坚持三个"一定要"

一定要处理好为企业母体的业务发展服务和为经济体制发展提供决策咨询之间的关系,二者并非互相对立,而是相辅相成。一定要有大局

意识、核心意识和前瞻意识，找准自身的优势和定位，善于围绕党和国家的大政方针认识和把握大局，进而思考清楚智库研究的核心议题是什么、未来发展的方向是什么。一定要提升自身的研究能力，无论是通过招聘和自主培养人才，还是通过广泛交流、学习和借鉴，企业智库一定要将自身的研究短板补足，将智库的水平提升到新的高度。

（三）对于决策者而言，企业智库虽然目前在发挥咨政建言方面的作用还比较有限，但理顺智库对上联系的咨政渠道，并将其制度化、系统化这一工作势在必行

目前的发展过程中，国资委在国有企业智库中扮演着重要的角色。未来其他国家级党政决策部门是否也有必要建立起与企业智库的直接沟通渠道；如何为民营企业智库提供更加健康的成长环境；如何为媒体智库创造更加宽松的舆论影响渠道，以上这些问题都是决策者需要进一步思考和落实的。

总而言之，企业智库作为服务国家经济体制决策的重要主体，在中国特色新型智库体系建设中是不可或缺的一环。目前国内企业智库的发展现状与其所处的重要位置还不相匹配，企业智库在未来的建设发展道路上应当奋起直追、砥砺前行，做好企业母体的战略参谋，更要做好国家经济体制决策的咨询顾问。

（中国社会科学评价研究院　吴田）

社会智库分报告

一 社会智库的界定与遴选

2017年5月民政部、中宣部、中组部、外交部、公安部、财政部、人社部、国家新闻出版广电总局、国家统计局联合印发《关于社会智库健康发展的若干意见》（以下简称《意见》）。《意见》对社会智库的界定是"**由境内社会力量举办，以战略问题和公共政策为主要研究对象，以服务党和政府科学民主依法决策为宗旨，采取社会团体、社会服务机构、基金会等组织形式，具有法人资格，是中国特色新型智库的重要组成部分。**"且要"对社会智库实行民政部门和业务主管单位双重负责的管理体制。其中，民办社科研究机构由省（自治区、直辖市）社会科学界联合会担任业务主管单位，并由省级人民政府民政部门进行登记；其他社会智库由其活动涉及领域的主管部门担任业务主管单位，并由同级人民政府民政部门进行登记"。概念中罗列的"社会团体、社会服务机构、基金会"等组织形式在中国大陆地区一般是属"社会组织"的范畴，目前在民政部社会组织管理局登记备案的组织类型主要有四种："社会团体、民办非企业单位、基金会和涉外社会组织"，《意见》中对"境内社会力量"的界定已将"涉外社会组织"排除在"社会智库"范畴之外，而其他三类中的"民办非企业单位"便是《意见》中的"社会服务机构"。"社会服务机构"这一概念首次出现在2016年3月发布的《中华人民共和国慈善法》中，并在2017年3月十二届全国人大五次会议通过的《中华人民共和国民法总则》中再次得以正名，避免了过去"民办"和"非企业"双重外延界定不清的尴尬。而鉴于原有的"民办非企业单位"中有"法人、个体和合伙"三类登记性质，其中后两类不具有法人性质。**因此《意见》中界定的"社会智库"的概念在组织分类中主要是指"社会团体、基金会以及社会服务机构中的法人实体"**，且基于《社会团体登记管理条例》《基金会管理条例》《民办非企业单位登记管理暂行条例》

的相关规定和国家对各省（自治区、直辖市）社会科学界联合会的职能界定，凡是已经按规定完成登记的上述三类组织，在**"法律属性"**上应当都已经满足了《意见》中有关要求；但是否"智库"还需要在**"业务属性"**上进一步判断其是否具备中共中央办公厅、国务院办公厅《关于加强中国特色新型智库建设的意见》中所规定的基本标准。

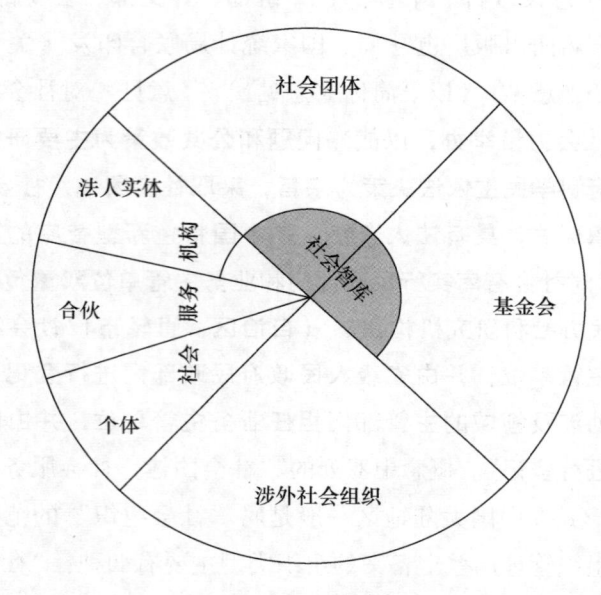

图21　社会组织构成图

资料来源：项目组绘制。

　　无论是旧机构转型还是新机构建立，只有满足了"法律属性"和"业务属性"双重标准的要求，才能真正被视为是"社会智库"的一分子。图中阴影部分表示的便是在"法律属性"上满足社会智库范畴的社会组织类型。鉴于《意见》出台的时间并不长，社会智库整体发展还很不成熟，过于严苛的要求——双重标准会将很多目前以"社会智库"身份开展活动的组织机构排斥在外，而无法真实反映这一智库群体的发展现状。本报告在"社会智库"的考察数据筛选过程中同样结合了（1）社会科学文献出版社出版的《中国智库名录》2015年版和2016年版所收录的智库名录；(2) 上海社会科学院编制的 2016 年和 2017 年《中国智库报告》主观问卷的"智库备选池"；(3) 四川省社会科学院、中国科学院成都文献情报中心联合组建的中华智库研究中心"智库影响力排行榜"项目组编制的 2016 年和 2017 年主观问卷的"智库评价列表"；(4) 南京大学中国智库研究与评价中心和光明日报智库研究与发布中心合作研发的 2016 年"CTTI 来源智库"四家外部数据库资源。从总数为 2335 条的"外部数据"基础上通过关键词检索和人工核对，合并重复数据之后，共得到社会智库 162 家，在此基础上项目组从是否满足上述双重标准的两个角度分别着手进行智库"考察数据"的筛选：

（一）从满足社会智库的"法律属性"着手

对于已经具备社会智库"法律属性"的在民政部或者省（自治区、直辖市）级和市级人民政府的民政部门登记的社会团体、民办非企业单位和基金会，项目组对其中具备"以战略问题和公共政策为主要研究对象，以服务党和政府科学民主依法决策为宗旨"的智库"业务属性"的组织机构进行筛选。这其中可以归属于"社会智库"范畴的主要有三类：

（1）第一类是从事某一领域的研究或者管理工作的全国性群团组织、具有重要地位的企事业单位，前任或现任国家领导人和知名专家学者等，出于共同的兴趣和追求而自愿联合起来组建的全国性的社会组织，具有所在领域的权威性和非政府性。鉴于智库咨政启民的功能需要基于一定的研究基础和软硬件实力，这一类智库基本是以"中国"字样开头，以"学会"和"研究会"作为其名称结尾的国家级学术团体，例如中国法学会、中国人民外交学会等。与此同时，全国性的群团组织下设的研究机构也被列入这一类别中，例如全国妇联主管的中国妇女研究会，中国残联主管的中国残疾人事业发展研究会等。结合机构的功能定位，经过初步筛选，项目组共得到 57 家分布于各个研究领域的，且与国家政策制定密切相关的重要社会组织。这一类智库机构在具备社会自发组织的特点的同时，也具备该领域的权威性和领导性，基本都是所在领域的最高学术团体或者最权威社会组织的代表，且部分机构借此被授予了与部委齐平的社会团体业务主管单位的功能。

（2）第二类是接受相关领域国家部委业务指导的，或直接挂靠在相关部门，且与部委具有紧密联系的社会组织机构。这一类机构基本是以"学会""研究会""中心"或"基金会"作为其名称结尾。对于筛选此类组织机构，项目组在原有的"外部数据"的基础上根据中华人民共和国中央人民政府网站中对国务院组织机构的列举，分别就"国务院组成部门""国务院直属特设机构""国务院直属机构""国务院直属事业单位"和"部委管理的国家局"五部分进行查找。具体方法是就各机构官方网站中涉及的带有"学会""研究会""中心""基金会"字样的非直属事业单位机构进行逐一筛选，对于其中在主要业务介绍中涉及政策咨询类工作的组织机构予以保留。经过首轮筛选，项目组共得到69家相关机构；第二轮再次筛除其中部分技术性、专业性较强的组织机构，共保留36家。例如发改委主管并入选首批高端智库试点的中国国际经济交流中心，商务部主管的中国国际经济合作学会，国资委主管的中国企业改革与发展研究会等都被划分在这一类。这一类智库机构关注的领域相对更加有针对性和专业性，且与业务主管部门的工作具有较强的相关性；智库在发展自身的同时，对配合业务主管部门相关领域工作的开展也具有积极且重要的支撑作用。

（3）第三类是已经在全国各个省（自治区、直辖市）级和市级人民政府的民政部门登记的，分布在全国各地、各研究领域的以社会团体、社会服务机构或基金会性质存在的，具备咨政启民的"业务属性"的研究机构。在可以搜集到的智库名录中，项目组对每一家机构是否在民政部门登记进行了排查，主要通过民政部的"中国社会组织网（http：//www.chinanpo.gov.cn/）"的"全国和地方社会组织"的查询功能，符合这一类机构特点的共有37家。例如全球化智库（CCG）、察哈尔学会、北京方迪经济发展研究院、上海春秋发展战略研究院、广东亚太创新经济研究院等。

划分到以上三类，且被纳入智库"考察数据"中的机构共有130家，这些机构都是已经在"法律属性"上满足了《意见》对社会智库的要求，且在机构宗旨或业务领域中涉及了公共政策分析、政府决策咨询等相关方面；但是这方面工作具体所占的比重，受到的重视程度在机构间的差异较大。项目组本着为中国特色社会主义新型智库建设添砖加瓦的初衷，和"质量优先，兼顾均衡"的原则，选取进入此次社会智库"考察数据"的机构都是在所在行业、所在领域和所处地域范围内具有典型代表性和专业引导性的重要研究机构。即使部分机构目前在智库建设方面还未取得突破性的进展，但基于其规范的机构设置和战略性的研究领域，未来在建设中国特色社会主义新型社会智库方面仍具有重要的潜力和突出的优势。因此，这130家智库基本可以被认为是符合社会智库的法律和业务的"双重标准"规定。

（二）从满足社会智库的"业务属性"着手

对于已经以"社会智库"身份开展活动，却没有进行社会组织登记的组织机构而言，《意见》的出台无疑为其合法性身份的确立设置了障碍。但鉴于这些机构建立的初衷是为了集聚社会力量，发挥智库功能，无论其目前的身份是什么，项目组都仍将其列入"社会智库"的范畴内。一方面为坚定其向实至名归的"社会智库"转型提供动力支撑；另一方面也为有关部门尽快出台适合此类智库生存发展的补充规定提供决策参考。根据设立时的属性，目前这一范畴内的智库机构同样可以被分为三类。

第一类是以企业法人身份进行注册的机构。这类机构注册企业的考量通常包含两个层面，一方面是为了使机构获得法人身份，以及开展各项工作的独立性和合法性；另一方面是为了通过企业身份获得一定的收益，进而反哺智库工作的开展。对此，项目组采用在国家工商行政管理局官方网站的"国家企业信用信息公示系统"进行查询的方式确认其企业属性，可以查找到信息的机构有27家。例如盘古智库、福卡智库、安邦智库等近年来比较活跃的社会智库机构都是以有限公司身份进行的注册。

第二类是以事业单位身份存在的机构。这一类机构多是在事业单位改革的过程中有意向走向社会、走向市场，有意愿以更加独立和开放的身份进行决策咨询和研究工作，但还没有完全实现机构的转型。有些机构是正在彻底完成转型的动态进程中，机构中拥有事业编制的人员退休后，编制便随人员一起减少，直到机构中完全没有体制内编制为止，便也意味着机构转型的彻底实现；有些机构则是仍然保持着事业单位之名，但实际更多地行社会智库之实。高端智库试点中的中国（深圳）综合开发研究院、国家发改委批复同意立项并由国家及海南省政府投资兴建的中国南海研究院等机构便具有这样的特点，这类机构的数量很少，在项目组所收集的智库考察数据中仅有6家。

第三类是没有以任何形式注册，不具有法人资格的机构。这些机构或者是以研究或咨询中心的形式挂靠在高校或其他专业性研究机构下，例如由中欧国际工商学院与上海陆家嘴（集团）有限公司共同发起创办的中欧陆家嘴国际金融研究院，由中国科学院科技政策与管理科学研究所与北京市市政市容管理委员会联合共建的北京市城市运行与发展研究中心；或者是以论坛和网站的形式搭建的智库平台，例如中国经济50人论坛便是由经济学界的有识之士于1998年6月在北京共同发起组成的独立的学术群体，草根智库则是一个传播社会特色思想的公益网站。在这一类智库机构中，被纳入项目组的"考察数据"中的机构有11家是以论坛或网站为主要形式的平台类智库，7家是由不同性质的母体机构共同组建的合作类智库。此外，还有11家智库在原始的162家社会智库名单中，但因为公开可获得的信息资源很少，难以判断其属性。为保证数据完整性，项目组暂时将其列入"考察数据"。

经过初步的分类筛选和增减，项目组共得到192家智库机构组成本报告的社会智库"考察数据"。总体来看，在项目组的考察数据中"两维度六类型"的社会智库分布比例基本符合《意见》对社会智库的要求，同时满足社会智库的双重标准的机构占据的比重相对比较可观，约占70%。其中本报告对"国家级学会和研究会"类智库与"部委指导的社会组织"类智库的区分主要基于其关注领域的针对性，及与业务主管部门联系的密切性。一方面，大部分国家级的学会和研究会的业务主管部门也是中央国家机关，其在所处专业领域的权威性也决定了其地位的特殊性，许多学会、研究会的成立都具有重要的战略意义。另一方面，我们也应当看到的是，自党的十八届三中全会提出加快实施政社分开、激发社会组织活力以来，民政部等有关部门正在积极有序地推动实现行业协会、商会类社会组织与行政机关真正脱钩，并尽快实现上述图21中四类在民政部门登记注册的社会组织与原有业务主管单位脱钩。**因此，未来这两类机构发展的趋势应当是向着统一的方向，成为有活力、有能力、依法自治，独立发展的社会智库；而在智库评价研究中项目组也会随着实践的动态发展，将其合二为一。**

相比之下，仅具备社会智库的"业务属性"，不符合"法律属性"规定的机构总体占比较低，约占30%，其中比较突出的一类就是以企业法人性质存在的机构，未来智库界对这些机构的定位及其自身的发展方向值得持续关注。

二　样本智库与发展现状分析

基于社会智库的"考察数据"，项目组首先进行了机构信息的采集和整理，尽可能全面地获得各家机构的联络信息，包括通过其官方网站、官方微博、微信公众号等公开渠道可获得的各类联络信息，这其中针对没有电话信息的机构，项目组通过114查号台进行查找。然后项目组通过实地走访、电子邮件和信件邮寄的形式向各家机构发放了调研问卷，邀请其参与到今年的"中国智库综合评价AMI指标体系研究"项目中来；对无法获得邮件地址和没有回复邮件的机构，又进行了三轮到四轮的电话跟踪联络。在这一过程中，项目组对明确表示自身定位不是智库的机构和决定今年暂不参评的智库机构都进行了记录。需要说明的是也有部分智库以邮箱、电话等方式都无法取得联系，针对此类智库我们在征集了相关领域专家意见的基础上有选择地进行了剔除。

经过实地走访、电话和邮件调研、专家访谈、学术研讨等形式，项目组逐渐将智库属性不强、无法取得联系且资料信息匮乏的机构剔除，进而得到关于社会智库的"样本智库"数据，共计 101 家。针对这 101 家社会智库，为了方便考察、分析、比较和评价，项目组结合考察数据筛选中的"两维度六类型"概念界定，并重点考虑了智库的注册类型，最终将其划分为以下四大类进行评价研究：

第一类：注册为国家级社会组织的智库；
第二类：注册为地方级社会组织的智库；
第三类：注册为企业法人的智库；
第四类：智库平台。

其中在符合社会智库的法律和业务"双重标准"的机构中，"国家级学会和研究会""部委指导的社会组织"这些在民政部登记注册的国家级社会组织都可以纳入第一类；在全国各个省（自治区、直辖市）级和市级人民政府的民政部门进行登记注册的地方级社会组织则被划入第二类；在仅满足社会智库的"业务属性"的机构中，以企业法人身份进行注册的被纳入第三类；未进行注册的智库平台型机构被纳入第四类，其中"中国金融四十人论坛""华夏新供给经济学研究院"等机构虽然已经进行了实体法人的注册，但基于其自身突出的平台属性项目组仍将其列入第四类智库进行评价研究；其他未注册实体法人资格的机构暂不列入此次智库评价的"样本智库"数据中。针对以上四种类型，接下来我们对目前国内社会智库的发展现状进行概括性的梳理和分析。

（一）社会智库的主要特征

1. 成立时间

"注册为国家级社会组织的智库"与其他三类相比成立的时间相对较早。国家级学会中的中国人民外交学会成立于 1949 年 12 月，与中华人民共和国同龄，也是新中国第一个专门从事人民外交研究的机构。与部委联系密切的社会组织更多是成立于一些重要的"窗口期"，多与社会经济发展进程中的某些具体要求相适应而产生。随着改革开放进程的推进，商务部直接领导的中国国际经济合作学会于 1983 年在北京成立，密切配合中国打开国门后的各项"引进来、走出去"工作，研究国际经济合作理论、政策、形势、任务和发展战略；而随着中国成功加入世界贸易组织，商务部直属管理的世界贸易组织研究会于 2003 年成立，其前身是 1991 年 5 月成立的关税与贸易总协定研究会，成立后为密切追踪中国与世界经济变化趋势，围绕中国"入世"后贸易和投资自由化进程中的实际问题为有关政府部门提供决策参考。

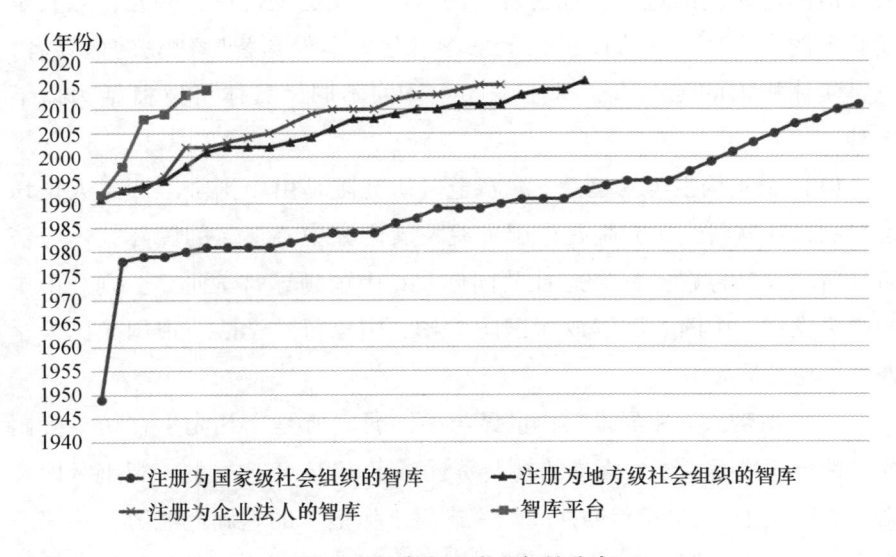

图 22　社会智库成立年份分布

资料来源：项目组绘制。

图 22 展现了四大类社会智库成立年份的大致分布趋势，除"注册为国家级社会组织的智库"之外，其他三类社会智库集中开始出现的时间节点都是在 20 世纪 90 年代之后，其中"注册为地方级社会组织的智库"成立的时间点略早于其他两类。1992 年后，一大批有理想、有抱负的人在新时期的经济环境和市场形势的吸引下走出体制，其中部分研究型人才便组建了一批智库型的机构。以北京市长城企业战略研究所、北京安邦咨询公司等为代表的智库机构纷纷建立起来，为中国市场经济的发展建言献策，但由于受到当时体制机制的限制，这些机构大多是以"企业法人"的性质进行的注册。而"智库平台"作为一种新兴的聚合思想的

形式则建立的时间最晚，甚至有些是伴随着新媒体的兴起和大范围推广才产生。

2. 建立方式

传统的社会组织的组建形式相对比较单一，多是由一批长期在某一领域工作或开展研究的专家学者发起，联合社会各界相关人士自愿组成。但随着时代的进步，社会智库的组建方式也变得更加多元，尤其是发起人的多样性。从法律意义上来看发起人不仅是智库建立的倡导者，也是实体机构的创办人，基于发起主体的不同，具体可以概括为以下三种。

(1) **由机构主导发起**：上海新金融研究院是由中国金融四十人论坛发起的；环球财经研究院是由国务院发展研究中心下属的国际技术经济研究所和《环球财经》杂志社共同创立；中国领导科学研究会则是由中共中央党校、中国人民解放军国防大学、国家行政学院、中国人民大学四家单位共同发起。

(2) **由带头人主导发起**：世界与中国研究所是李凡先生在访遍美国代表性智库之后，怀着强烈的社会责任感于1993年建立的；智纲智库是由王志纲先生从1994年创办的"王志纲工作室"的基础上经历了"谋事在人""大盘时代""城市中国"和"战略孵化"四个充满故事的阶段逐渐发展起来的；北京大军智库经济咨询有限公司（原北京大军经济观察研究中心）是由仲大军先生以自由学者的身份于2000年独立创办、独立坚持运营的；北京生态文明工程研究院是2002年由中国人民大学的刘宗超博士基于"生态文明与生态伦理的信息增殖基础"这项国家哲学社会科学"九五"规划重点课题而组建的；盘古智库是易鹏先生离开体制之后于2013年借助人脉，联合同样怀揣梦想和使命感的各路精英共同组建；上海金融与法律研究院则是由中国金融改革的先行者刘鸿儒先生携手法治国家的倡导者李步云教授共同创立。

(3) **由多元主体联合发起**：南方社会智库是由南方都市报与奥一网联合多位社会思想者共同发起成立；上海华夏社会发展研究院是由浦东新区社会发展局和华东理工大学鲍宗豪教授联合创办。

我们应当看到的是，无论智库以何种方式成立都离不开发起人希望影响公共政策的社会责任感和"天下为公，报国为怀"的使命感，也离不开社会各界机构和人士的支持和帮助。

3. 品牌产品

对于社会智库而言，上文提及的发起人在很大程度上便是智库的一个重要品牌，明星学者的影响力和带动性体现得非常突出，甚至一个人就撑起了整个智库的现象也多有存在。但这种"一个人的智库"的可持续性势必较差，大部分社会智库也都认识到发展品牌性产品的重要性，努力打造自身的核心竞争力和优势特色。品牌产品不在"数量多"，而在于"质量精"。对于社会智库而言，目前各智库发展比较普遍的品牌产品主要有两大类：一类是刊物、报告或著作等产品（简称刊物类）；另一类是论坛、讲座或研讨会等产品（简称论坛类）。

(1) 刊物类：主要形式有期刊、内刊、研究报告、专著等。

目前能够独立拥有期刊的社会智库基本集中在国家级学会和研究会性质的机构中，定期出版具有影响力的期刊需要集合专业的编辑和审读队伍，因此对于主办机构人财物各方面的规范性要求都较高。国内部分刊物在其领域内的知名度已经高于其主办机构，例如中国行政管理学会主办的《中国行政管理》杂志、中国软科学研究会主办的《中国软科学》杂志等都在所在学科领域占据权威地位，是海内外的知名品牌杂志。

除期刊之外，目前大部分社会智库推出的刊物类产品大多是采用内刊和系列报告的形式。内刊是智库基于自身的研究专长，结合所对应的党政部门以及其他服务对象的需求，定期或不定期在内部发行的刊物，定期刊物可以以日、周、月、季度、年等不同的周期为限。例如，福卡智库每日一期的《福卡财讯》、国观智库每周一期的《海洋舆情周刊》、盘古智库每月一期的《国际形势月报》（中英双语版）、21世纪教育研究院的双月刊《21世纪教育研究院通讯》、上海国际金融研究中心的年报《上海金融发展报告》等。

此外还有部分智库出版了所在领域的特色研究报告、专著和系列丛书。例如，广东亚太创新经济研究院的《中心城市的发展与治理：以广州为案例的决策咨询报告》；中国房地产数据研究院的《中国建筑能耗研究报告（2016）》；中国南海研究院的《美国在亚太地区的军力报告（2016）》等。系列丛书有中国国际经济合作学会编写的《国际工程管理教学丛书》（20册）、东中西部区域发展和改革研究院的《科学发展观丛书》（10册）、《五个统筹丛书》（5册）等。

（2）论坛类：主要形式有论坛、讲座、研讨会等。

举办知名的、有影响力的学术论坛和研讨会也是社会智库拥有的一类品牌性产品。通常来看这类论坛多是智库定期举办、精心策划和打造的，发展至今已经连续举办了多届的品牌活动。例如，全球化智库（CCG）常年举办论坛、研讨会、图书发布会、午餐会等相关活动，其中比较有代表性的年度活动有其承办的"欧美同学会北京论坛"，作为主办方之一的"中国企业全球化论坛"等，其中与中国国际经济合作学会联合三亚市人民政府、达沃斯世界经济论坛前总裁领衔的 Smadja 公司共同举办的"中国企业全球化论坛"创办至 2017 年已经是第四届，在海内外企业界的影响力不可小觑；中国经济体制改革研究会主办的每年一届的"中国改革论坛"到 2017 年已经是第十五届，"宏观经济与改革走势座谈会"也是研究会每年例行的品牌活动；深圳创新发展研究院主办的"大梅沙中国创新论坛"以深圳大梅沙作为永久会址，为深圳打造高层次的改革创新交流平台；中国金融 40 人论坛（CF40）是聚合经济金融领域高端人才的智库平台，2008 年成立至今定期举办的品牌活动有金融四十人年会、CF40 季度宏观政策报告论证会以及 CF40 双周圆桌内部会；相类似的中国经济 50 人论坛也拥有影响力大、关注度高的年会和每年 3—4 次的内部研讨会。

社会智库的开放性、包容性、灵活性等特征决定了其组织开展的论坛类活动也具有类似的优势。大型论坛和年会类会议可以充分吸引世界各地和社会各界人士的参与，实现思想的充分交流和碰撞，进而在国内各个地区甚至全球各个国家逐渐打造成一个个在海内外有重要影响力的且更具社会性的交流平台。而小型的闭门会、圆桌会等活动则更加灵活，一方面可以集聚英才，而不会受到对嘉宾国籍、所在行业、领域等方面的过度限制；另一方面研讨主题可以聚焦时代发展热点、痛点，而不用特别顾及对嘉宾发言内容敏感性、正确性的过分拘束。

4. 国际交流

智库间进行国际交流的主体是人员，具体的形式主要包括短期的国际互访，中长期的以访问学者的身份开展合作研究，举办或参与各种国际研讨会等。社会智库因为较少受到冗长繁杂的行政审批机制的影响，在开展国际交流活动时的灵活性和时效性更强，甚至经常成为各国政要在国际上释放信号的平台，演讲或者闭门会议是其经常采用的形式。

社会智库国际交流活动的开展与其研究领域紧密相关，国际问题研究领域的智库在这方面势必会更加活跃。中国国际经济合作学会是专门从事国际经济合作理论、政策研究的智库机构，自2012年起每年都承办京交会"中国国际经济合作'走出去'战略研讨会"，为全球的与会者提供交流学习的平台；专注于"外交与国际关系"领域的察哈尔学会经常会有接待外宾来访和代表团出访的活动，2016年与俄罗斯、韩国、日本等国家的企业、大学、研究机构等都有过交流和互访；盘古智库聘请了来自海内外多个国家和地区的专家学者作为智库的高级顾问、学术委员、研究员，并时常组织各种形式的与海外专家、政要的会面和座谈，很多有建设性的观点都是在一些非正式的交流中碰撞产生。

（二）智库发展中面临的困境

1. 资金获得的困境

社会智库在资金获取上不连续和不稳定的问题非常突出。鉴于智库的非营利性，社会智库通常是通过课题经费和社会捐助获得资金。一方面，政府或其他课题委托主体的拨款往往是有阶段性的；另一方面，企业或者个人的捐赠由于无法强制也具有较强的不确定性。而社会智库又因为不具备体制内智库的完善的人员保障和社会福利制度，需要通过有竞争力的薪酬吸引和留住人才，资金紧缺往往成为智库运营过程中面对的难题。对此，有些智库便采取注册营利性公司的形式来保证资金来源，进而支持同一平台下的社会智库发展，但这种形式下的两个机构之间的边界划分往往难以把控。

2. 人才吸引的困境

智库的迅速发展潮流在国内是近两年才涌现的，从整体趋势上来看，专业型智库人才目前还比较稀缺。在这样的环境中，社会智库在人才吸引方面处在弱势地位。这一方面与上文提到的资金困境有关，既体现在社会智库本身难以为其员工提供稳定持久的工作和薪资承诺，也体现在国家的配套制度没有及时跟进。例如，目前针对社会智库的人才引进配套方案还不明确，包括户口指标、免税政策等。另一方面人才吸引的困境也与社会智库无法很好地满足从业者，尤其是研究人员对社会身份、职业身份的需求有关，例如，正式职称的获得、同行评议的认可等。

三　参评智库与评价方法

正如总报告中提及的，此次"中国智库综合评价 AMI 指标体系研究"项目暂不将25家首批国家高端智库建设试点单位纳入到排名范畴中；此外，经过实地走访和电话、邮件调研，项目组尊重部分不参与此次评价项目的智库的选择。在社会智库样本数据的基础上项目组剔除了上述两类智库机构之后，保留了70家作为此次项目的"参评智库"数据，其中"注册为国家级社会组织的智库"22家，"注册为地方级社会组织的智库"23家，"注册为企业法人的智库"15家，"智库平台"10家。

在评价过程中，项目组依托于自行研创的"中国智库综合评价 AMI 指标体系"，采用客观和主观相结合的评价方法，坚持定性与定量相结合的评价原则，主要参考《中国智库综合评价调研问卷（2017年版）》和《中国智库综合评价专家评价问卷（2017年版）》的相关结果，并结合调研访谈和信息采集过程中获得的相关资料。

在 AMI 指标体系中，在综合各项指标的基础上，社会智库的评价会更加倾向于对智库"资金吸引力""组织、系统、风格和价值观的管理力""社会影响力"三方面二级指标的考察。

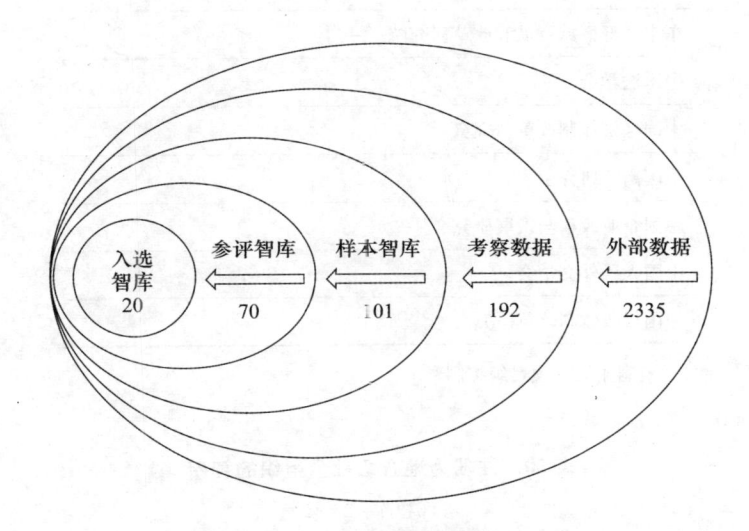

图 23　社会智库评价数据遴选圈层图

资料来源：项目组绘制。

四　社会智库入选名单及其评价

入选名单中所列的社会智库是在每一类参评智库中 AMI 总分排在前列的，表现最为突出的特定数量的智库机构，排名不分先后。

表 49 注册为国家级社会组织的智库

参评智库：22 家

入选智库：7 家

（按智库名称拼音字母排列，排名不分先后）

智库名称
东中西部区域发展和改革研究院
中国法学会
中国经济体制改革研究会
中国南海研究院
中国企业改革与发展研究会
中国人民外交学会
中国行政体制改革研究会

资料来源：项目组编制。

表 50 注册为地方级社会组织的智库

参评智库：23 家

入选智库：6 家

（按智库名称拼音字母排列，排名不分先后）

智库名称
21 世纪教育研究院
察哈尔学会
广东亚太创新经济研究院
湖南省农村发展研究院
全球化智库（CCG）
深圳创新发展研究院

资料来源：项目组编制。

表51　注册为企业法人的智库

参评智库：15家

入选智库：4家

（按智库名称拼音字母排列，排名不分先后）

智库名称
福卡智库
经纬智库
盘古智库
中国（海南）改革发展研究院

资料来源：项目组编制。

表52　智库平台

参评智库：10家

入选智库：3家

（按智库名称拼音字母排列，排名不分先后）

智库名称
华夏新供给经济学研究院
中国金融四十人论坛
中国经济50人论坛

资料来源：项目组编制。

结合进入名单的20家社会智库的特点，我们可以将社会智库在发展过程中值得借鉴的经验概括为以下三个方面。

（一）研究的专业性是立身之本

将研究做好和做好的研究是一个智库之所以为智库的根本。从这一角度而言，社会智库多拥有细分领域的专业性优势。与体制内的综合性智库机构相比，社会智库的规模通常较小，结构相对简单，研究精力有限，因此在研究领域的选择上也相对更加专注，多是将关注点聚焦在某一个研究视角，并且这一领域往往与智库创始人或带头人的知识结构息息相关。领域确定后，智库团队便会集中力量将此做深入、做出彩。所以整个社会智库队伍在研究方向的划分上通常不会有太多重合，在细分市场方面做得相对较好。任何一个智库的愿景都是成为其所在研究领域的顶尖智库。在这一过程中需要抵抗住很多诱惑，尤其是智库有一定知名度之后，一些商业性、代言性的邀请便会纷至沓来。坚守住，勇于割舍，保持自身的独立性，严格地专注于自己的研究领域是智库的立身之本。目前，走在前列的社会智库在对待研究方面都比较严肃和专注，即使是以获得捐助的方式维持生存的智库也尽可能地将捐助主体分散，不为任何人代言，用扎实的、高质量的研究成果赢得尊重。

（二）品牌的自主性是处世之基

社会智库的品牌产品打造应当朝着"一库一刊一论坛"的方向努力和发展。产出一份有代表性的期刊，举办一个有影响力的论坛，并将此长期坚持下去。打造智库的自主品牌，甚至达到"未见其人，先闻其声"的效果，努力将品牌产品的知名度提升。在竞争日益激烈的今天，实现这一目标需要智库付出巨大的努力。无论是决策者、媒体，还是广大人民群众的辨识力都很强，如果只是一味地模仿、一味地转发他人的研究成果，而无法形成自身的原创性产品，这样的智库发展是不会长久的。目前代表性智库的尝试已经取得了阶段性的成果，社会智库基于灵活性、开放性的优势，其举办的活动的影响力现在有些已经超过了媒体。智库可以通过其平台，将来自各个领域的专家集合起来，通过智库论坛释放信号、影响舆论，这已经成为国内的一个新趋势。在刊物方面，社会智库结合其自身的特点，产出的刊物往往更具可读性，更贴近普通大众。与体制内的智库，尤其是党政军直属研究机构不同，社会智库的身份和声誉需要自己争取，而确立自主性的智库品牌是处世之基础。

（三）影响的广泛性是成事之道

智库工作的最终目的是影响决策，但社会智库无论在决策者交办研究任务方面，还是在成果的上报渠道方面都天然地处在弱势地位。赢得主动权，获得决策者的关注和重视的最主要的途径便是提升自身影响的广泛性。无论是通过媒体报道，还是通过提升在广大人民群众中的知名度和影响力，目的都是成为智库队伍中的"明星"。因此近两年活跃在智库界、舆论界的智库代表往往是以社会智库居多，举办各种形式的智库活动，发布各种类型的智库产品。这也是目前社会智库寻求生存之道，赢得咨政途径的一种自主选择。

五　对社会智库未来发展的建议

目前，国内社会智库的规范化、有序化发展仍处在起步阶段。随着《关于加强中国特色新型智库建设的意见》和《关于社会智库健康发展的若干意见》两份重要文件的出台，近年来社会智库的发展得到了比以往任何时期都更为广泛的关注。在未来的发展进程中无论是智库从业者本身，还是外部力量都应当对社会智库的发展更加重视。

第一，社会智库本身应当充分发挥已有的优势。社会智库的灵活性、开放性等优势可以使其在第一时间跟进海内外各领域的研究热点，并且及时参与其中而不受体制内的各种规章和审批的耽搁；也可以使其为海内外政界、学界的名人政客发表观点、释放信号提供重要的社会发声平台。这些优势应当与体制内的官方智库形成明确的市场细分，社会智库应当在擅长的领域扮演好自己的角色，并将自身的优势尽可能最大化地发挥，形成自身的核心竞争力。

第二，社会智库的从业者应当明确智库定位，更加纯粹地做智库。目前国内的智库发展势头正旺，各种类型的智库迅速涌现，浑水摸鱼的现象难以避免。越是在这样不冷静、不稳定的环境中，智库从业者越应当坚定立场，专注于做智库应当做的事业，这样才能在大浪淘沙中持久地留存下来。并且社会智库应当明确自身在整个智库体系中的定位，与其他类型的智库分工协作，密切配合，围绕中心，服务大局，做好力所能及的咨政和研究工作。总而言之，无论智库的规模和背景如何，我们应当坚信只要找准定位，在某一研究领域深耕、精耕，时间会给予回报。

  第三，社会智库的健康发展还离不开国家的支持，尤其是配套的政策支持。国家有关"社会智库"的文件的出台已经为支持智库在细分领域的发展提出方向，但无论在对社会智库范畴的界定，还是配套支持方面的有关规定都需要经过一段时间的实践检验。社会智库实践者们反映出的资金和人才吸引困境值得持续关注，能否真正有效地支持和推进社会智库的健康有序发展，还需要政策制定者与智库实践反馈之间不断地磨合和调整。

（中国社会科学评价研究院　吴田）

中国社会科学院国家高端智库建设及经验分享

中国社会科学院是在中国科学院哲学社会科学学部的基础上，于1977年5月建立。中国社会科学院作为党中央直接领导的国家哲学社会科学最高研究机构、全国最大的哲学社会科学研究中心，截至2016年年底，共完成专著12938部，学术论文147003篇，研究报告27140篇，译著3724部，译文23473篇，学术资料33266种，古籍整理514种，教材1108部，普及读物1819种，工具书1886部。[1] 根据中央的要求，中国社会科学院要发挥作为国家级综合性高端智库的优势，努力建设具有国际影响力的世界知名智库。[2] 近年来，中国社会科学院在国家高端智库建设方面的情况与经验总结如下。

一 中国社会科学院智库建设的总体情况

（一）国家高端智库建设基本情况

近年来，中国社会科学院高度重视智库建设，始终把发挥好智库功能作为一项重大而紧迫的任务抓紧抓好。党中央对中国社会科学院"三个定位"要求中提出，要把中国社会科学院建设成为党中央国务院重要的思想库智囊团。中共中央办公厅、国务院办公厅联合印发的《关于加强中国特色新型智库建设的意见》明确提出，要"发挥中国社会科学院作为国家级综合性高端智库的优势，使其成为具有国际影响力的世界知名智库"，为中国社会科学院加强中国特色新型智库建设指明了正确方向，提供了基本遵循。

2015年12月，中国社会科学院作为综合性高端智库，与中国社会科学院国家金融与发展实验室、中国社会科学院国家全球战略智库一道入

---

[1] 数据来源：中国社会科学院40周年成就展，2017年5月17日。
[2] 王伟光：《为中国特色新型智库建设发挥应有作用》，《光明日报》2015年1月23日。

选首批国家高端智库建设试点单位。为此，院党组多次召开党组会研究落实，颁布并实施了《关于加强中国特色新型智库建设的若干意见》《中国特色新型智库建设先行试点方案》《关于中国特色新型智库管理办法》等文件及一系列制度规定，构筑起"院—所—专业"三级智库格局，大力推进三个层次的智库建设：一是全院作为综合集成的总体智库；二是各研究单位作为具有学科优势的学科智库；三是院集中建设专业化智库。社会科学院已成立的多个专业化智库涵盖了马克思主义与意识形态研究类智库、经济金融研究类智库、社会文化发展研究类智库、国际问题研究类智库、边疆研究类智库五大类。

在2016年16个专业化智库的基础上，2017年又构建了一些新的专业化智库。比如：

2017年2月28日，中国社会科学院中俄战略协作高端合作智库（简称"中俄战略协作智库"）揭牌仪式暨第一届理事会会议在中国社会科学院俄罗斯东欧中亚研究所举行。

根据形势发展变化，由中国社会科学院京津冀协同发展智库加挂"中国社会科学院雄安发展研究智库"牌子开展工作，为我院在雄安新区发展研究中保持领先优势奠定了基础。

同时，中国社会科学院还成立了与地方省市合作建设的上海研究院①、陆家嘴金融研究中心、郑州研究院、青岛研究院等合作智库。

中国社会科学院同步开始在全球继续布局。中国社会科学院利用与100多个国家和国际组织广泛联系的对外学术交流优势，推动实现智库海外落地，已建或在建的有匈牙利中国—中东欧研究院、中白发展分析中心、内罗毕中国研究中心和香港中国学术研究院等，这些海外智库机构有效拓展了我国智库的国际影响力。

2015年，中国社会科学院在北京牵头组建了中国—中东欧国家智库

---

① 上海市人民政府与中国社会科学院于2015年6月5日在沪签署合作协议，双方将合作共建上海研究院，通过建设高水平、国际化的中国特色新型智库，为贯彻"四个全面"战略布局做出新贡献。上海市委副书记、市长杨雄，中国社会科学院院长王伟光出席。上海市副市长翁铁慧与中国社会科学院副院长李培林分别代表双方签约。

交流与合作网络（"16+1"智库网络）。2017年4月24日，中国—中东欧研究院成立暨揭牌仪式在匈牙利科学院隆重举行，这是中国首家在欧洲独立注册运营的研究型智库机构。研究院成立之后，将与匈牙利科学院、匈牙利安道尔知识中心、匈牙利外交与对外贸易研究所等研究机构开展合作，同时广泛联络中国和中东欧及欧洲其他地区的专家学者和学术智库机构，支持开展课题研究，举办学术会议，组织智库对话，实施人才培训以及联合出版项目，全面推动和加强"16+1"智库合作及中欧人文交流。

2017年9月18日，香港中国学术研究院在港揭牌成立，研究院希望汇集香港与内地学术及社会资源，在人文社会科学领域开展各类研究与交流活动，促进两地学术界沟通与合作，服务香港经济、社会、文化发展和竞争力提升。

中国社会科学院党组对智库建设的高度重视和重大部署，展示了我院已经初步构建的以综合性智库为统领、专业化智库为样板、所（院）级智库为主体的院级—专业化—所级"三位一体"的智库建设格局，以及在人才队伍、经费管理、成果评价、应用转化等体制机制方面构建的智库建设的"四梁八柱"。

中国社会科学院党组非常重视智库的建设工作，蔡昉副院长直接负责全院的智库工作，每个季度都要召开智库工作会议。中国社会科学院的众多智库从咨政建言、理论创新、舆论引导、社会服务、公共外交五个方面逐一展开，重点围绕完成党中央、国务院的系列交办任务而开展的系列智库研究和智库活动，以及在重大理论和现实问题研究领域取得的广泛成果，显示出我院智库建设在阐发中国理论、提炼中国经验、贡献中国智慧，推动中华优秀传统文化和当代中国价值观走向世界，提升中国的对外传播能力和话语体系建设方面发挥的重大作用。

（二）承担党中央、国务院交办的重大研究任务

为更好地发挥我院"党中央、国务院重要的思想库和智囊团"作用，专门加强重大理论和现实问题研究的组织和协调，按照党中央和国务院有关决策部署，承担一系列党中央、国务院交办的重大研究任务。

承接了重大课题研究。2017年中国社会科学院开展5项重大课题调研，就围绕关系党和国家未来发展的重大理论和实践问题，承接了全国哲学社会科学规划办公室的86项国家高端智库重点研究选题。

积极发挥第三方评估机构的作用，承担国家重大评估项目。比如由中国社会科学院牵头组织，北京大学、清华大学和中国人民大学等高校共同参与的社会保险费征收体制第三方评估暨调研工作。

（三）配合中央和各部委开展咨政建言和舆论引导

中国社会科学院智库建设协调办公室（以下简称"院智库办"）配合中央和国家中心工作，协调各专业化智库开展各项活动并取得明显成效，积极发挥高端智库咨政建言和舆论引导功能。

自2017年以来，根据有关要求，我院围绕当前、"两会"前后、党的十九大前后经济形势和社会热点展开舆论宣传，并宣传解读我国经济发展成就。各专业智库围绕经济社会发展的重点领域研究，"三报一刊"发表文章开展正面宣传。比如，围绕习近平总书记在"7·26"重要讲话中提出的"举什么旗、走什么路、以什么样的精神状态、担负什么样的历史使命、实现什么样的奋斗目标"，马克思主义理论创新智库与人民日报出版社商议共同组织撰写出版一套丛书，分别为《旗帜》《道路》《精神》《使命》《目标》。同时，组织力量写文章研究阐释宣传"7·26"重要讲话精神。据不完全统计，已经在《人民日报》《光明日报》《经济日报》《红旗文稿》报刊上发表文章近10篇。

各专业智库充分发挥好智库的咨政辅政功能。比如，财经战略研究院仅仅一个季度就参加中办、国研室、全国人大预工委、国家发改委、农业部、国家审计署、国家税务总局、国务院发展研究中心、国家旅游局、中国贸促会等单位的政策咨询会议十余次。再比如，国家全球战略智库上报的课题成果，先后收到中办、中财办、国安办、国办、中央外办、发改委、外交部和商务部等20多家单位感谢函，这些机构对国家全球战略智库上报的课题成果给予了充分肯定。

（四）充分发挥二轨外交的作用，在国际上发声

2016年9月，G20峰会将在浙江省杭州市举行。T20会议是G20峰会的重要配套会议之一，是全球智库代表为G20贡献智慧与思想的重要平台。中国社会科学院世界经济与政治研究所智库通过众智探讨创新、新经济与结构改革的内在联系，并结合我国经验，寻求当前世界经济问题的解决之道，为G20杭州峰会提供更多的战略选项和政策储备。[1] 紧接着，2016"一带一路"国际研讨会于2016年9月26—27日在西安举行。智库分论坛结束后，中国社会科学院世界经济与政治研究所所长张宇燕宣读了《"一带一路"国际研讨会智库宣言》，"对接智慧，激发'一带一路'的时代活力"这一议题，国内外智库就政策沟通、设施联通、贸易畅通、资金融通、民心相通推动"一带一路"建设共同发展、共享繁荣，分享了愿景和理念。我们高度认同在全球化新形势下推动"一带一路"建设，是实现全方位务实合作，打造政治互信、经济融合、文化包容的利益共同体、命运共同体和责任共同体的重要途径。[2] 2017年，世界经济与政治智库重点围绕"一带一路"和自贸区这两个项目进行研究。

2016年，中国社会科学院围绕"一带一路"高峰论坛共举办或参加"一带一路"主题会议12次，发表论文49篇，专著3部，内部报告40余篇，接受采访或发表演讲12次，多次赴"一带一路"沿线国家调研，开展智库合作交流，取得了丰硕成果。比如，为配合"一带一路"高峰论坛，国家全球战略智库与光明智库、北京语言大学于2016年4月27日在京联合举办了"'一带一路'沿线国家智库论坛：深化沟通与务实推进"国际研讨会，重点探讨推进"一带一路"的实施以及相关政策建议。同时，《一带一路列国人物传系》首批新书发布会于2016年5月12日由中国社会科学院国家全球战略智库、中国传记文学学会、中国出版集团公

---

[1] 顾周皓、丁谨之、沈吟：《全球智库"大咖"齐聚安吉T20集众智论创新》，《浙江日报》2016年6月19日。

[2] 吴佳潼：《"一带一路"国际研讨会智库分论坛发布智库宣言》，2016年9月28日，中国网（http：//www.china.com.cn/）。

司华文出版社、中国民营经济国际合作商会等单位联合举办。为配合"一带一路"高峰论坛,国家全球战略智库特出版 3 部英文版最新研究成果参与峰会成果展,并获得外方媒体好评。此外,中国社会科学院国家全球战略智库蔡昉理事长和王灵桂常务副理事长参加了"一带一路"高峰论坛,蔡昉理事长在智库分论坛上发表题为《加强中外智库联合研究 做"民心相通"的典范》的讲话,提出加强智库合作的"五点倡议",即共同策划选题并开展联合研究工作、建立学术成果信息共享机制、共同培养人才、共同发布研究成果、不定期共同举办会议和建立日常的联络机制。①

再比如,2017 年 5 月初,中国新疆文化交流团赴巴基斯坦、阿富汗交流访问,我院选派边疆所所长邢广程同志任团长,世界宗教所李林同志随团出访,赢得两国积极反响,做出重要贡献。

而在与上合组织的关系上,作为上海合作组织未来发展的模式,邢广程建议,上合组织与其他的双边、多边组织展开有效的合作,推动区域一体化的趋势,这本身就是对经济全球化一种正面的证明。②

(五) 做好智库后勤保障制度,完善我院智库经费制度

与 2016 年相比而言,2017 年中国社会科学院的智库预算与智库建设情况出现了较大变化。一是国家高端智库专项经费从 1000 万元缩减至 500 万元;二是 2017 年中国社会科学院智库认领的国家高端智库重点课题从 27 项增加至 86 项;三是中国社会科学院承担了 5 项中央交办的重大调研课题,党的十九大之后还相继承担更多其他重大交办任务;四是专业化智库数量由 16 家上升至 21 家。

为更好地开展智库交办委托项目研究,鼓励多出高质量的智库成果,集聚高端智库人才,建立以绩效为导向的经费管理制度,中国社会科学

---

① 张翼、刘坤:《平行主题会议:从理念到行动 从愿景到现实》,2017 年 5 月 15 日,和讯网。

② 《中国明年举办上合峰会,专家建议以"上合 +"模式建对话渠道》,2017 年 9 月 16 日,新浪新闻(http://news.sina.com.cn/)。

院制定的《中国社会科学院国家高端智库交办委托项目经费管理补充规定》（以下简称《补充规定》）对《中国社会科学院国家高端智库管理细则（试行）》和《中国社会科学院国家高端智库专项经费管理细则（试行）》中有关智库交办委托项目经费管理办法做出补充规定。该《补充规定》细化了智库交办委托项目的类型及经费额度、智库交办委托项目经费使用、智库交办委托项目管理和失责处罚等，特别是明确指出国家高端智库项目经费中较大比例可用作项目组成员圆满完成智库项目并提供优秀成果的奖励支出。

根据中国社会科学院智库建设的发展现状及实际需要，结合各专业化智库2016年相关智库经费的使用情况、提交成果以及2017年认领的国家高端智库重点课题情况，根据《中国社会科学院国家高端智库管理细则（试行）》与《中国社会科学院国家高端智库专项经费管理细则（试行）》以及院领导关于改进智库经费拨付方式、提高智库经费使用效率的指示，智库办制定了2017年智库建设相关预算方案并报请院务会通过。

（六）积极报送智库成果，主动拓宽智库成果报送渠道

中国社会科学院继续完善智库成果内部报送机制，拓宽成果报送渠道，及时报送智库成果，包括《中国社会科学院国家高端智库研究专报》《中国社会科学院国家高端智库信息专报》《中国社会科学院国家高端智库简报》，在报送国家社科规划办的基础上，智库协调办负责人主动与中央有关部门沟通联系，增设报送中办调研室的报送渠道。2017年整个报送工作成绩显著，受到较多的好评。

（七）加强与其他智库的交流

2017年上半年，中国社会科学院智库办积极与其他智库单位展开交流，先后组织团队调研国务院发展研究中心、中央党校和军事科学院的相关智库制度情况，接待香港智库参访团、浙江社科院、内蒙古党校、厦门市政研室和西安社科院等单位到我院调研智库建设、开展智库合作，我院的智库建设制度和成果获得了交流单位的一致称赞。

二 中国社会科学院智库建设经验总结

时任院长王伟光强调,加强中国特色新型智库建设,要始终坚持马克思主义的辩证思维方式,正确认识处理好智库建设和哲学社会科学研究中的一系列辩证关系。一是处理好基础理论研究与应用对策研究的关系;二是处理好战略性问题研究与战术性问题研究的关系;三是处理好深化理论研究与深入实际调研的关系;四是处理好坚持中国特色与扩大国际视野的关系。[①]

中国社会科学院智库建设的经验[②]

始终坚持党的领导,把握正确的政治方向和学术导向。把马克思主义立场观点方法贯穿于具体的研究工作中,用发展着的马克思主义指导哲学社会科学,在涉及党的基本理论、基本纲领、基本路线和重大原则、重要方针政策问题上,立场坚定、观点鲜明、态度坚决。加强对马克思主义中国化最新成果的深入研究、阐释和创新,加强马克思主义学科建设,建设好研究、宣传和发展马克思主义的重要阵地,积极推进马克思主义的中国化、时代化、大众化。

始终坚持围绕中心、服务大局,以重大理论和现实问题为科研主攻方向。紧紧围绕全面深化改革、全面建成小康社会、全面推进依法治国的重大任务,组织优势科研力量,深入研究党和国家面临的一系列亟待回答和解决的重大理论和现实问题,国家经济社会发展中的全局性、前瞻性、战略性、综合性问题,国内外普遍关注的热点焦点难点问题,推出一批系统性、有影响力的研究成果和具有现实性、针对性、可操作性的对策建议。

[①] 毛莉、曾江:《中国特色新型智库呼唤思想创新》,《中国社会科学报》2015年9月15日。

[②] 王伟光:《为中国特色新型智库建设发挥应有作用》,《光明日报》2015年1月23日。

始终坚持科学精神，鼓励大胆探索，加强基础学科建设和基础理论研究。大力加强基础理论研究、基本问题研究，提出有客观依据、经得起实践和历史检验的原创性思想理论和学术观点，推出具有时代思想高度、代表国家学术水准的精品成果，使应用对策研究建立在深入扎实的基础研究之上。

始终坚持把人才建设放在重要位置，加强中国特色新型智库型人才队伍建设。努力造就一批马克思主义基本理论功底扎实、熟悉世情国情党情、具有理论创新能力的理论家和高端学术人才，推出一批博古通今、学贯中西、善于开展跨学科研究的复合型人才，培养一批能够运用马克思主义立场观点方法分析解答党和国家关注的重大理论和现实问题的对策性研究人才，培育一批具有国际视野和世界眼光、能够在国际交流中直接对话、有实力争取话语权的学术英才。选派更多专家学者到各级党政部门挂职锻炼，保证研究成果与社会实践的密切结合。重视学者型人才向智库型人才的转化，促进学术研究成果向对策建议的转换。

始终坚持弘扬正能量，用正面声音占领舆论阵地，加强有利于发挥智库功能的传播平台建设。加强报纸、期刊、出版社、图书馆、网站、数据库、评价中心等名优品牌建设，将其作为实现智库影响力最大化的重要平台。办好以《中国社会科学》杂志、《中国社会科学报》、中国社会科学网为龙头的专业报纸、学术期刊和门户网站，增强中国学术的国际传播力。办好"中国社会科学论坛"和各类学术会议，增强国际学术影响力和国际学术话语权。加快数字化建设进程，建立全院统一的、海量的哲学社会科学大型信息数据库，建立全院统一的综合集成实验室平台，建设好国家哲学社会科学学术期刊数据库，形成中国规模最大、富有专业特色的哲学社会科学信息数据中心。办好中国社会科学评价中心，完善哲学社会科学学术评价体系和评价标准，增强中国社会科学院学术评价的权威性和影响力。

始终坚持深化改革，健全制度保障体系，推进科研体制机制和科研组织形式创新。以实施哲学社会科学创新工程为契机,以强化智库功能为方向,以改革现行体制机制为抓手,建立适应现代智库发展规律、有利于产出高质量思想产品和政策建议的科研体制机制、科研组织形式和运行机制。

智库要加强对策研究,做好基础研究与对策研究的衔接。中国社会科学院蔡昉副院长指出:当前,部分研究者尚未充分认识到智库研究与基础研究的区别,仍将自身定位停留在搞纯学问、搞基础研究上,不习惯甚至看不起智库的对策性研究取向。①

世界经济与政治研究所智库的建设经验在于:一是鼓励各研究室凭借本学科扎实的基础研究,关注重大政策研究问题,扩大和增强与中央及有关职能部门的联系。二是鼓励各研究室之间开展跨学科交流、支持和联合攻关,针对重大政策与现实问题提出综合应对。三是鼓励开展国际合作与交流,提升智库国际话语权。积极为世界经济和国际政治各学科研究人员创造机会,到位于本领域全球前沿的智库等研究及政策机构调研、开展合作研究和咨询等。②

中国社会科学院国家全球战略智库作为中央确定的 25 家首批国家高端智库建设试点单位之一,始终按照中央和国家高端智库理事会的部署要求,围绕党和国家重大战略部署确立研究方向和重点领域,不断提高咨政建言能力,并在阐发中国理论、贡献中国智慧、讲好中国故事等方面进行了新的探索和尝试。特别是以服务决策为中心任务,瞄准国家重大战略需求,组织开展了一系列前瞻性、针对性、储备性的课题研究,推出了一批优秀科研成果。③ 比如,2016 年中国社会科学院国家全球战略智库、中国社会科学院亚太与全球战略研究院出版了"全球智库国际战略研究丛书",首批丛书共 6 卷,由中国社会科学院国家全球战略智库组

---

① 蔡昉:《智库要重视对策性研究》,《光明日报》2016 年 9 月 30 日。
② 张宇燕:《做回应重大现实关切的世界经济与国际政治研究》,《中国社会科学报》2017 年 5 月 12 日。
③ 王灵桂:《努力提出务实管用的对策建议》,《光明日报》2017 年 3 月 10 日。

织编写，围绕中国大战略，就"一带一路""亚投行""TPP"等重大选题，甄选全球数十家主要智库在过去一两年里的研究成果，按照"权威、深度、及时、涉华"和"对我决策有益、研究有用"的原则，摘译出版，每卷约 60 万字，为国内决策和研究提供了最前沿的参考。① 在未来的智库建设工作中，中国社会科学院国家全球战略智库始终铭记习近平总书记"提出务实管用的对策建议"要求，按照立足中国、借鉴国外，挖掘历史、把握当代，关怀人类、面向未来的思路，以厚实的学术积累抓国际形势动向跟踪、以高度的政治敏锐性抓国际问题的前瞻研究、以宽广的视野眼界抓事关全球未来的战略研究，着力提高研究质量，不断提升服务党和国家决策的能力和水平，不断提升国际影响力和社会影响力，努力在"务实管用"方面发挥国际问题研究专业性高端智库应有作用，为实现"两个一百年"奋斗目标、实现中华民族伟大复兴中国梦贡献知识和力量。

中国社会科学院当代中国马克思主义政治经济学创新智库是国内成立的第一家中国特色社会主义政治经济学高端智库，其愿景目标"引领中国政治经济学方向，为中国经济发展贡献力量"，既彰显了中国社会科学院复兴中国政治经济学研究的辉煌，助力中国经济发展的决心，也为避免智库建设中常常出现的浮躁情绪、短视行为和急功近利行为奠定了基础。他们的经验之一是加强跨学科联合，当代中国马克思主义政治经济学创新智库由中国社会科学院创办，依托经济研究所，并联合中国社会科学院经济学部其他 7 个研究所、哲学所和历史所成立的中国特色社会主义政治经济学研究的专业智库。在学科建设上，智库整合经济研究所内部资源，将政治经济学建设成为经济学、哲学、经济史、经济思想史四位一体的开放式研究体系；在专家团队建设上，智库整合院内外资源，构建精简、高效、开放的学习型专家团队，形成"跨学科专业人士

---

① 《全球智库国际战略研究丛书出版》，《人民日报》2016 年 1 月 21 日。

的联合体"。[①]

  他们的另外一个经验是注重对外宣传，作为智库的主要发起方，经济研究所正在搭建期刊、协会、论坛、论丛和新媒体五位一体的智库支撑平台（简称"43311平台"），包括《经济研究》《经济学动态》《中国经济史研究》《中国特色社会主义政治经济学研究》（创刊）四个期刊；"中国《资本论》研究会""中国经济史学会""中国比较经济学研究会"三个协会；"中国特色社会主义政治经济学论坛""中国青年经济学者论坛""马克思主义经济学发展与创新论坛"三个学术会议；《中国经济史论丛》一个丛刊；以经济研究所网站和微信公众号为依托的一个新媒体平台。

（中国社会科学评价研究院 荆林波）

附　录

  根据研究领域不同，中国社会科学院院级专业化智库分为以下五类：

（一）马克思主义与意识形态研究类智库

  1. 马克思主义理论创新智库：以马克思主义研究院为责任单位，依托马克思主义研究院马克思主义中国化研究部，调动马克思主义研究学部、中国特色社会主义理论体系研究中心、信息情报院、当代中国研究所、马克思主义学院、世界社会主义研究中心的资源，重点研究马克思主义理论创新问题。

  2. 当代中国马克思主义政治经济学创新智库：以经济所为责任单位，依托经济研究所政治经济学研究室、资本论研究室、宏观经济学研究室、

[①]《中国社会科学院"当代中国马克思主义政治经济学创新智库"成立》，2016年8月20日，人民网（http://www.people.com.cn/）。

微观经济学研究室、经济增长理论研究室、中国现代经济史研究室、发展经济学研究室等 7 个研究室，重点研究马克思主义政治经济学问题。

3. 意识形态研究智库：以信息情报研究院为责任单位，依托世界社会主义研究中心，调动中国社会科学杂志社，重点研究党的意识形态问题。

4. 习近平新时代中国特色社会主义思想研究中心：是党中央批准成立的全国首批十家习近平新时代中国特色社会主义思想研究中心（院）之一，受中宣部和社科院党组双重领导。

（二）经济金融研究类智库

1. 国家金融与发展实验室智库：以金融所为责任单位，依托国家金融发展实验室，重点研究重大金融问题。

2. 财经战略研究院智库：以财经战略研究院为责任单位，依托财经战略研究院综合研究部，调动经济学部、经济学各研究所的资源，重点研究经济发展中的重大战略问题。

3. 京津冀协同发展智库：以工业经济研究所为责任单位，以工业发展研究室、工业运行研究室、产业组织研究室、市场投资研究室、资源环境研究室、能源经济研究室、区域布局研究室、产业布局研究室、企业管理研究室、企业制度研究室、中小企业研究室、财务会计研究室等 12 个研究室为依托，调动相关研究力量，重点研究京津冀协同发展过程中的重大战略问题。

4. 城乡发展一体化智库：以农发所为责任单位，依托中国社会科学院农村发展研究所城乡关系与发展规划研究室以及计划改建的农村信息化与城镇化研究室，调动农发所相关研究室的研究力量，主要开展城乡发展一体化综合性研究。

5. 生态文明研究智库：以城市发展与环境研究所为责任单位，依托城市发展与环境研究所低碳排放气候实验室，重点研究低碳排放和生态文明问题。

(三) 社会文化发展研究类智库

1. 国家治理智库：以社会发展战略研究院为责任单位，依托社会发展战略研究院综合研究部，调动社会学研究所、法学研究所、国际法研究所、政治学研究所、新闻与传播研究所等研究单位的资源，重点研究重大社会政法问题以及国家治理问题。

2. 中国廉政研究中心智库：以社会学研究所为责任单位，依托社会学所廉政建设与社会评价研究室，调动政治学所等研究力量，重点研究党风廉政建设问题。

3. 中国文化研究中心智库：以哲学研究所为责任单位，依托文化研究中心，调动文学研究所、民族文学研究所、外国文学研究所、世界宗教研究所，重点研究当代中国文化、文学理论和文学批评问题。

4. 香港中国学术研究院：是中国社会科学院在香港特别行政区注册成立的非营利性学术机构，旨在汇集香港与内地学术及社会资源。

(四) 国际问题研究类智库

1. 国家全球战略智库（"一带一路"国际智库）：以亚太与全球战略研究院为责任单位，依托亚太与全球战略研究院全球战略研究部，调动国际问题研究学部和各研究所资源，重点研究国际战略以及"一带一路"问题。

2. 世界经济与政治研究所智库：以世界经济与政治研究所为责任单位，依托世界经济与政治研究所各研究室，重点研究国际经济问题。

3. 中国—中东欧国家智库交流与合作网络智库：以欧洲所为责任单位，依托中东欧研究室，调动相关研究所的研究力量，重点研究中东欧及"一带一路"等重大战略问题。

4. 中国—中东欧研究院智库：是经中国社会科学院批准，由欧洲研究所在匈牙利独立注册的海外智库，也是目前为止我国第一家在欧洲独立注册的智库。

5. 中俄战略协作高端合作智库：以俄欧亚所为责任单位，集中研究俄罗斯政治经济社会发展、外交政策、中俄双边关系和在多边机制中的合作。

（五）边疆研究类智库

1. 新疆智库：以中国边疆研究所为责任单位，依托中国边疆研究所新疆研究室，调动民族学与人类研究所的资源，重点研究新疆问题。

2. 西藏智库：以民族所为责任单位，依托藏学与西藏发展研究室，重点研究西藏问题。

3. 海疆智库：以边疆所为责任单位，研究国家海洋权益、海疆安全、海洋战略利益，以及推进和深化"21世纪海上丝绸之路"建设等重大现实问题。

后 记

当项目组同事嘱托我写后记时,我猛然间感觉到似乎回到了 20 年前自己博士毕业撰写后记的时代,一种甜蜜而久违的感觉油然而生。

《中国智库综合评价 AMI 研究报告(2017)》能够"顺产",离不开项目组成员齐心协力,得益于多方支持,也可以说借助好外力,让自身优势充分发挥出来。我们得到的外力,包括而不仅仅限于:

第一,感谢中国社会科学院党组对中国社会科学评价研究院的高度重视和全力支持。这绝对不是当面奉承,而是发自内心的感谢。记得 2014 年 3 月 14 日,我奉命从中国社会科学院财经战略研究院到中国社会科学评价研究院的前身——中国社会科学评价中心工作,当时,我自己连办公桌都没有,只能与同事挤在一间办公室做评价研究和搞行政管理,中午大家要在办公室午休,我只能去门球场打球,或者去乒乓球室打球。即使后来我们搬迁到了梓峰宾馆,我也只有 9 平方米左右的一个走廊过道改建的办公室,条件依然艰苦。没有经费,大家自己掏钱。尽管如此,我们都没有任何怨言,因为我们非常清楚,院党组对我们评价工作高度重视。在短短三年多的时间里,我们很快鸟枪换炮,有了相对舒适的办公条件,配备了较强的班子,研究队伍也在逐渐壮大。按照院领导的说法:"要人给人,要钱给钱,要房子给房子","评价研究院比三个所还要重要"。当然,这得益于当时中国社会科学评价中心主任高翔秘书长的斡旋,作为中国社会科学评价中心的首任主任,他做出了巨大的贡献。即使如今他到福建省委宣传部工作,依然不时关注我们的评价工作进展,协助安排我们去福建省调研、交流。

2014 年 4 月开始,评价中心开始着手转制——从中国社会科学评价中心转变为中国社会科学评价研究院，从中国社会科学院内设的机构转变为正式户头的厅局级直属研究机构。王伟光院长、王京清副院长和张江副院长等院领导为此竭尽全力，在2017年7月终于获得批准。2017年7月中国社会科学评价研究院正式挂牌，成为中国社会科学院第40个研究单位。为了帮助中国社会科学评价研究院做好基础工作，王伟光院长先后7次修改《中国社会科学评价研究院章程》，其认真程度让我们这些以笔杆子为生的人十分汗颜，无地自容。类似的事例还有许多，我们唯有留在心底，以自己的实际行动来回报院党组对我们的信任。

第二，感谢中国社会科学院所有职能部门、研究单位和直属单位等对中国社会科学评价研究院的积极配合和大力支持。这也不是客套话，因为创建一个新单位，需要与众多职能部门打交道，而我们承担的智库评价研究、期刊评价研究乃至我们未来越来越多的第三方评价工作，都需要仰仗中国社会科学院相关研究机构的力量。我们之所以有今天的一点点成绩，也都与中国社会科学院这个平台有关系，这让我们更加深刻地理解了在"平台经济时代"平台的重要性。

第三，感谢中国社会科学评价研究院全体成员的密切配合和无私奉献，感谢每个人背后家人的大力支持。中国社会科学评价研究院作为一个新的组织，在初创时期，我们就订立了自己的工作方针，坚持正确的政治导向，恪守价值观——忠诚敬业奉献，坚守文化理念——团结创新开放，遵守行为准则——公平公正公开。在这个新的集体中，李传章书记帮助我们把握大方向，经常与我们交流相关心得；吴敏副院长是我们的"后勤部长"，身体力行，两次亲赴日本调研智库；姜庆国默默无闻，负责我们的"弹药库"——评价数据库的全面工作，并且赴美国参加了短期培训班，与众多美国智库进行了交流。综合办公室和评价成果编辑部同志们尽管事务繁杂，也挤出时间赴各省市自治区、港澳台等地进行智库调研。期刊与成果评价研究室一边进行自己的期刊调研，一边兼顾智库调研。机构与智库评价研究室的同仁更是不辞辛苦、夜以继日。我时常担心他们过累，总是提醒他们早点回家，却每每看到他们总是最后离开。我尤其要感谢智库评价项目组的全体成员，他们任劳任怨，从零起步，胡薇肩负起部门重任，新人王彦超负责数据采集与加工，马冉、吴田等其他同志各司其职，与评价研究院的同事一起足迹遍布祖国各地。

更难能可贵的在于，智库评价项目组不断创新，推出了一系列的 AMI 综合评价指标。当然，我们清楚地认识到：智库排行榜是《中国智库综合评价 AMI 研究报告（2017）》的调味品，恰如饕餮大餐中的调味品。没有调味品，再豪华的餐食也会乏味；同样地，过多的调味品也会使大餐变味。

同时，我们也要感谢家人的支持，没有家人的理解与鼓励，我们寸步难行，对亲人的褒奖即使用再多的笔墨也显得苍白无力！

第四，也是最重要的。我们由衷感谢为项目的顺利完成做出贡献的社会各界领导和同仁所给予的鼓励和支持。感谢中宣部全国哲学社会科学规划办公室和国家高端智库理事会的正确领导与殷切关怀，感谢为我们的项目实施提供数据资料与意见建议的国内智库界同仁。尤其感谢中国社会科学出版社赵剑英社长及喻苗主任的长期支持及厚爱！

在举国上下认真学习和贯彻党的十九大精神之际，我们深切感受到新时代的冲击，大数据、移动互联、云计算、虚拟现实、人工智能等扑面而来。在这样一个大好时代，我们认为，唯有创新，才有出路；我们坚信，创新是民族进步之魂。抱残守缺，只有死路一条，同样，照抄照搬西方的评价方法，不仅仅会食而不化，而且可能会南辕北辙。

我们经历了评价中心到评价研究院的创业磨炼，经受了各种创新之后带来的阵痛，同时也饱尝创业创新过程中的创伤。未来，我们将按照院里整体部署，根据评价研究院的发展规划，继续努力，不辱使命，努力成为中国社会科学院对外进行思想文化交流的重要窗口之一。

中国社会科学评价研究院　院长
2018 年 5 月 31 日夜于北京